郑方贤　著

上海中学生报　编

『十年磨一剑』上海新高考这样走过

考新语

上海教育出版社

SHANGHAI EDUCATIONAL
PUBLISHING HOUSE

序　言

　　1977 年恢复高考,宣告中国进入改革开放新时代,也奠定了中国高速发展的人才基础和科技基础。

　　四十多年来,中国的高等教育正从大众化迈入普及化阶段。通过统一高考进入大学仍然是最为基本的升学通道,其评价标准依然对整个国民教育体系产生着深刻影响,不仅影响当下青年一代的成长,也影响国家未来的可持续发展。我们也一直在改革,但每次改革始终不能从根本上实现对学生的全面教育与培养。以习近平同志为核心的党中央以非凡的勇气决策高考综合改革。2014 年 9 月 3 日出台的《国务院关于深化考试招生制度改革的实施意见》给出了改革的顶层架构与实施路径,并宣布由上海与浙江两地试点先行。

　　消息既出,热议不断。伴随这场恢复高考以来最为彻底而全面的招生制度改革探索,为凝聚公众的改革共识,同时也给读者答疑解惑,上海市教育考试院院长郑方贤自 2016 年 10 月 14 日起在《上海中学生报·高招周刊》头版创设《沪考新语》专栏,每期撰写评论文章,这个交稿的动作,一坚持就是三年。滚动鼠标轮查看邮箱里他那一封封稿件的发送时间,很多显示的都是凌晨两三点。凭借其深厚的专业教学、培养设计、招生录取、考试管理等专业背景和工作经历,这 136 篇评论文章忠实地记录和反映了上海高考综合改革试点的实施历程,期间既有对新高考改革的思想认识和方案解读,也有对考试评价、学生培养、大学招生及机构建设等领域的专业思考,为引导社会舆论发挥了重要作用。

　　自 2014 年上海、浙江率先开展高考综合改革试点以来,至 2019 年,已有北京、天津、山东、海南、河北、辽宁、江苏、福建、湖南、湖北、广东、重庆等 12 个省市分别制定并实施了高考综合改革试点方案,这意味着高考综合改革进入了全面推广实施的新阶段。2020 年,新高考在北京、天津、山东、海南正式落地。先行试点省市为中国新一轮的高考改革提供了可借鉴的样本。

为更好地总结提炼上海高考综合改革试点的实践经验,我们选取这 136 篇《沪考新语》专栏中的文章编辑成书,并以新高考科目改革、高中学业水平考试、新高考志愿填报、大学招生录取、学生多元发展、基础教育培养、教育科学治理、考试机构建设以及上海高考改革的实践与期许等为主题,从多个视角全面反映郑方贤院长对新高考改革的理论思考与工作实践,以期对新高考改革的实践者、研究者和广大师生有更多参考价值,也为全国的高考综合改革推进贡献一份力量。

《沪考新语》栏目已降下帷幕,但郑方贤院长仍在考试组织、考试测评等方面孜孜以求,精益求精。高考综合改革也仍在路上,并将在持续的探索中不断创造新的辉煌,而那些关于改革的思想理念、价值追求仍然值得回想,并且念念不忘。

《上海中学生报》编辑部

2020 年 8 月

目　录

第八章　考试机构建设　243

第一章

新高考科目改革

第一节　总体形势

高考不分文理科的纠结

新高考方案提出的"保持统一高考的语文、数学、外语科目不变、分值不变,不分文理科,外语科目提供两次考试机会。计入总成绩的高中学业水平考试科目,由考生根据报考高校要求和自身特长,在思想政治、历史、地理、物理、化学、生命科学等科目中自主选择"的意见引起了不少人的疑惑:不分文理了,文科、理科考生怎么办? 专业怎么招生?

1977 年恢复高考以来的高校招生一直是分文理科进行的,学生也是分文理科考试,甚而分文理科接受教育,因此产生上述疑问也是长期的惯性使然。面对此次高考改革,如果置身事外确实是很难想象其中的变化所在。

首先,通过在思想政治、历史、地理、物理、化学、生命科学等 6 门科目中自主选择 3 门的方式,学生的类别由原来的文理两类变成了 20 类。这种由学生主导的自主选科,无论是源自对学科的喜爱、学科特长抑或仅仅是对选科利益最大化的判断,实际形成的学生类别多样性已经是毋庸置疑的了。

有关部门前期做过一个调查,从数据上很难看得出类似原先的文科或理科学生群体特征的特点。譬如,纯选政史地 3 科组合或理化生 3 科组合的学生人数均只占受调查学生的 6% 左右;如果以 3 科组合中有 2 科是属于政史地科目或是属于理化生科目进行判断,则发现两者所占人数比例也都在 50% 左右。所以面对新高考方案下的学生,我们已经不能以传统的"文科生"或"理科生"来简单地给他们贴标签,甚至是只能听取每位同学各自陈述之所以这样选择的理由了。

其次,大学的招生专业对外发布时也已经不按文理科两类区分了,而是根据自身的办学定位和专业培养目标,各自提出本专业对考生高中学业水平考试科目报考的要求。

按照各高校专业(类)设限选考科目范围至多3门,考生只要对接1门即可报考的规则,手头一份关于浙江2017年高校先期所报专业选考科目分析的媒体报道表明,54%的专业(类)不限选考科目,上海37所高校公布的1096个专业(类),没有提出选考科目要求的专业(类)也有655个。显然,新高考方案下,高校招生专业将以更宽的口径接纳考生,其中高中学业水平考试制度实施的作用也不容忽视。

就高考科目改革而言,不分文理科更集中体现在数学科目。以文理分科的思路,原来选择文科的学生就要面对与理科生同样的试卷,似乎还未考试便已经吃亏了。这就需要将视角延伸到高中教学过程了。教研部门提供的证据表明,这届高三学生所接受的数学教学,从课程标准、教学要求到教学时数都是统一的,而数学学科思维能力的培养更多呈现其基础性与逻辑性。

倒是大学,尤其是高水平大学(指原"211""985"高校)在这方面的疑虑更多些,这些学校认为随着3门选考科目通过等第评价计入总分,数学试卷的难度又要兼顾不同的群体,与以前相比,高考总分的区分度将下降,仅通过分数对学生进行辨别变得困难。这也倒逼高校探索基于统一高考和高中学业水平考试成绩、参考综合素质评价的多元录取机制。上海的高校已经提出了对于学生综合素质评价信息的使用方案,不久更多的外省市高校也将陆续提出有各自特色的方案。

当然,上述讨论是极其理性的,我们也必须认识到这样的事实:昨天还沉浸在文理分科教学中的数学教师,没有强大的学术支持和培训支撑,是不可能在一夜之间深谙数学教学真谛、知晓通性通法的;我们也必须看到,在以往的学习经历中或许已经对数学避之唯恐不及的学生,现在不得不与最擅长数学的学生做同一张试卷;同样,我们也清醒地认识到,确实存在思维方式不同的学生群体,他们对数学学科的感受与常人有异。

　　凡此种种,都对我们的命题工作提出了极高的要求,需要价值引领,更需要科学精神和技术方法。相信我们的命题专家有足够的智慧和能力,在考试招生制度改革的背景下完成这一艰巨的任务。

原载于 2016 年 12 月 2 日《上海中学生·高招周刊》

浅议"全入时代"的高考

　　近期发布的《2017 年全国教育事业发展统计公报》显示,我国各类高等教育在学总规模达到 3779 万人,高等教育毛入学率超过 45%,离高等教育普及化标志的 50%仅一步之遥。与之相对应,近几年全国的高考录取率不断趋近 80%,而部分省份的秋季高考录取率已经接近或超过 90%,借用《光明日报》一篇文章的提法,此种现象就是:高考进入了"全入时代"。

　　"全入时代"表示经济发展与教育发展达到了一个新的高度。我们亲身经历的改革开放 40 年就是明证,一个一穷二白的国家如今经济总量已位居世界第二,人均 GDP 达到中等发达国家水平。在经济的强有力支撑下,教育经费增长显著,高等教育迎来了大发展,高校数量达到2600 多所。随之而来的是高考升学率快速上升,全国高考的总体录取率从 2011 年开始站稳 70%以上,近年有地区更是突破 80%,甚至 90%。

　　"全入时代"现象在东亚地区表现得特别明显。这是因为该地区的国家或区域,其发展起点都是从二战后的经济谷底开始,经历了一个全面的高速发展期;还因为东亚地区普遍受儒家文化影响,崇尚教育,而长期实施的精英教育制度造成大多数学生升学无门,所以一旦具备经济支撑基础,高等教育的各项数据就会呈现爆发性增长;而且经济的快速发展又往往伴随着家庭的少子化,使得生源减少。多个因素综合作用就形成了"全入时代"的现象。虽然各个国家或区域此现象出现的时间有先后,但过程极其相似,均遵循经济、社会、教育依次呈现的轨迹。

　　"全入时代"对提高国民素质的积极作用无可置疑。一国的国民素养通常是由义务教育所决定的,这是因为义务教育是法定的,即所有青少年学生都必须经历的教育,义务教育实施的刚性程度和质量决定了学生未来的人生质量,也决定了国家的国民素养水平。然而义务教育是有限的 9 年或 12 年,"全入时代"的高等教育无疑延长了绝大部分学生的培养周期,加上高等教育的专业培养特点,势必整体提升国民素养与劳动力质量,进而推动经济社会的高质量可持续发展。

"全入时代"对社会观念与教育传统形成了挑战。40 年前的高考升学率不到 5%,而现在几乎只要参加高考就能上大学,这种变化对社会观念与教育传统都形成了新的冲击。首先是身份的认同,当同龄人群中只有极少数人能够接受高等教育时,无疑"精英"就是大学生的最好标签;当同龄人群中绝大多数人都能接受高等教育时,"有知识有文化的高素质劳动者"就应该是"大学生"的最好注解。当然,"全入时代"的高等教育同时也具备足够的选择性。传统老牌名校以世界水平为办学参照,吸引考生报考,继续承担着精英教育的责任;中等水平院校数量庞大,资源获取能力与学科专业各有千秋,成为高等教育的培养主体,为社会源源不断地输送各行各业的中坚力量;而相当多的高职(大专)院校结合行业特点,为产业发展提供高素质的劳动力。所以,高校与考生如何选择各自的教育成为产生"全入时代"培养差异的最大原因。

"全入时代"是特定经济社会发展阶段的现象。随着发展均衡性的不断提高,社会个体的解放程度会充分体现,而高考所代表的升学选择也将趋于理性与成熟,达到新的平衡。

原载于 2018 年 8 月 12 日《上海中学生·高招周刊》

第二节 综合评价

浅议综合评价录取批次的招生计划安排

综合评价批次录取结束后，分析各院校专业组的投档信息，基本涵盖了本市的优秀考生，各招生院校在校测后确定了最终录取名单。

综合评价录取无疑是现有体系下最为理想的招生录取制度设计。它顾及统一高考对学生学业的测试，确保学生的学业质量；按照招生计划150％的投档比例以及高考文化成绩占比60％设计，确保了统一高考的权威性；校测评定占比30％体现了学校的招生自主权以及对高中综合培养的支撑；学业水平考试成绩的确认也是对高中学习的认可。由于综合评价录取的校测面试特色，试点招生高校在已知考生高考文化成绩、高中学业水平考试成绩和综合素质评价信息的基础上，通过面对面交流，进一步考查学生的综合素养、学科特长、实践能力，以评判其接受大学教育或专业教育的适合程度，形成对考生的全面评价及录取依据，完美体现了"两依据一参考"的高考综合改革精神。

同时，试点招生高校独立承担的招生简章发布、信息公开、接受申请、资格初审、校测面试，以及最后录取结果确定等一系列工作，也成为高校向考生直接传递大学精神的重要通道。通过对学校的密切关注，尤其是经历面对面的校测流程，考生对复旦大学"人文情怀、科学精神、专业素养、国际视野"，上海交通大学"价值引领、知识探究、能力建设、人格养成"，同济大学"知识、能力、人格"等培养理念，对华东师范大学"求实创造、为人师表"，华东理工大学"勤奋求实、励志明德"，东华大学"崇德博学、砺志尚实"，上海财经大学"厚德博学、经济匡时"，上海外国语大学"格高志远、学贯中外",上海大学"自强不息,先天下之忧而忧,后天下之乐而乐",以及上海中医药大学"勤奋、仁爱、求实、创新"的校训精神加深了体验与理解,成为考生进一步求学的强大动力。

综合评价录取独特的制度设计,在于通过对考生综合素养、学科特长、实践能力的充分考查,选拔出综合能力突出的群体,而这样一个群体的未来发展也一定会呈现更加综合和多元的前景。因此,制订适合他们成长的招生计划和培养方案将有效提升人才培养质量,这也是综合评价录取制度设计的价值意义所在。但从试点招生院校发布的招生计划分析,除极具个性的医学类专业和语言类专业外,本市的试点院校中仅有复旦大学、上海交通大学、同济大学的院校专业组招生计划和东华大学、上海大学的少量院校专业组招生计划以大类或实验班为主,体现出综合选拔和综合培养的特征。其余院校的招生计划安排仍是传统的专业计划招生模式,如华东师范大学141个招生计划安排了36个专业,华东理工大学174个招生计划安排了65个专业,上海财经大学100个招生计划安排了23个专业,有的院校专业组内有二三十个专业,而安排的招生计划仅有四五十个,每个专业能分配到的招生计划极为有限,这与综合评价录取的招生模式不一致,值得商榷。

学校优先还是专业优先虽然是高考招生永恒的话题,但参与综合评价录取的试点招生院校都是上海最好的高校,学生的报考更多建立在对学校整体声誉、学科特色发展的考量和社会广泛认同的基础上。在新的考试招生制度安排下,试点高校理应有更高的办学定位,通过学科专业布局调整,制订新的学生培养方案以吸引优秀学生报考,在提高人才培养质量、适应经济社会发展的同时,达到学校声誉进一步提升的目的。随着高考综合改革的深入,这将是更多高校面临的挑战。

原载于 2019 年 7 月 2 日《上海中学生·高招周刊》

"普通高中学生综合素质评价信息"
如何在高校招生录取中发挥作用？

据媒体报道,23 所参加上海市 2017 年春季考试招生试点的高校在近日组织的自主测试中普遍使用了普通高中学生综合素质评价信息。

2015 年 4 月,市教委公布《上海市普通高中学生综合素质评价实施办法(试行)》,将其作为本市实施考试招生综合改革方案的配套文件,各高中学校在各级政府主管部门和社会各界支持下,组织学生扎扎实实地开展了内容丰富、形式多样的社会实践活动,还组织学术力量为同学们的研究性课程学习和创新实践活动做了大量工作。可以说"普通高中学生综合素质评价报告"中所呈现的每一项内容都反映同学们的努力、经历和智慧,也是学校和老师精心培养的成果。

随着 2017 年本市高考综合改革的全面实施,高校在招生录取时如何使用这一报告是师生十分关注的问题。按照"两依据一参考"的高校招生录取改革方案,统一高考的语文、数学、外语成绩,加上学生自选的 3 门学业水平等级性考试科目成绩所合成的高考总分是高校招生录取的基本依据,反映学生三年高中学习、生活经历的"普通高中学生综合素质评价信息"是高校招生录取的参考。但是在高考招生这样敏感的领域,一般意义上的"参考"是很难有实质性的价值的。

研究世界一流大学的本科招生录取,可以发现考察申请者的唯一标准就是其完成未来大学学业的能力。申请者的考试成绩能在一定程度上反映未来的学习能力,但持续发展所必需的其他因素,诸如学生的身体心理、知识结构、爱好特长以及社会认知、情感价值观等更多内容无法从分数中体现,需要通过申请材料,甚至辅以面试加以全面评判。由此,大学申请时是否需要提供申请材料、是否需要接受面试也成为区分大学质量高低的一个标志。

限于多种因素,中国高校招生时所能看到的考生信息基本仅是高考分数,这种"以冷冰冰的分数替代活生生的人"的招生方法一直饱受质疑。为此,教育部也推出了保送生、特长生、自主招生等制度,复旦大学、上海交通大学等高校也做了许多有益的尝试,但终究是曲高和寡,难以复制和推广。今年全面实施的上海高考综合改革制度性地解决了这一难题,"普通高中学生综合素质评价报告"弥补了原先仅看分数的不足。在这次春考的高校测试中,各校的面试教师根据考生的志愿服务、社会实践、学业水平考试成绩及研究性课程、科技创新活动和爱好特长等信息,结合面对面的交流,形成对考生的全面评价,成为大学录取的依据。同样,今年部分高校在"专科层次依法自主招生"中、秋季高考中部分高水平大学在"综合评价录取改革试点"等招生项目中,也将使用考生的综合素质评价信息。

就目前高校的招生方案分析,"普通高中学生综合素质评价信息"在以面试为主的选拔录取模式中使用是最为有效的。它所涵盖的"品德发展与公民素养、修习课程与学业成绩、身心健康与艺术素养、创新精神与实践能力"等信息成为高校了解考生的重要依据,同时这些信息又成为面试考查内容的主要来源,面试教师可以从中得到肯定或否定的信息,有助于高校对学生作出全面、准确的评价。同时,这种选拔方式所传递的高校办学特色和育人理念又引领高中的教育教学改革,也极大地提升了高校自身的招生能力。

原载于 2017 年 3 月 10 日《上海中学生·高招周刊》

高校如何衔接高考综合改革?

近期笔者与部分在上海招生的外省市高校进行了密集接触,听取他们对上海新高考方案实施效果的评价,同时了解新高考下入学学生的情况。各高校给予了热烈的响应,他们全面分析了上海学生的表现,同时积极研讨适应新高考的招生录取模式。大家有共识:上海学生的素质好,综合表现更为突出。随着北京、天津、山东和海南加入高考综合改革试点,会有更多新高考下的生源进入高校,势必对高校原有的人才培养模式提出改革要求。高校要主动对接高考综合改革,建立新的人才培养模式。

对上海试点的观察显示,高校都积极响应"两依据一参考"的招录模式改革。实施"综合评价录取"改革试点的高校,依据高中生综合素质评价报告对学生开展全面的考查,结合统一高考成绩与学业水平考试成绩,形成最终录取依据,是对"两依据一参考"录取模式最成功的诠释。同样,针对上海实施以院校专业组为核心的志愿填报与投档录取方案,高校都重新梳理招生专业,根据新规则安排招生计划、设置招生单位。正是高校的主动对接,保障了新旧高考体制的平稳过渡。

高校对接高考改革不仅仅体现在招生录取环节,更要与高中的学科教学相衔接。改革推动高中教育体系发生系统性变革,学生学习的选择性大为增加,相应的学科知识结构也得到有效改善;而高校的基础课程教学体系是建立在长期稳定的高考科目基础上的,难以衔接新高考下高中各科目的课程标准,也不能满足学生的学习需求。所以,高校有必要建立新的基础课程教学体系,以支持新高考下高中教育教学的合理定位。

高考改革强化了高中学生的综合素质教育,为高校建立个性化人才培养体系创造了有利条件。通过高中三年组织的社会实践和研究性学习,学生的社会责任感、创新意识和实践能力得到有效提升,在学业基础、社会实践内容与研究性学习项目等方面也呈现出鲜明的个体差异与个性特点。如果高校的人才培养能够以此为基础，加强因材施教和个性化培养，将显著提高人才培养的起点，提升培养成效。

招生录取、学科教学、个性化培养形成了高校衔接高考综合改革的三个层次，目前还仅聚焦于招生录取方式的改革，这也是由改革进程所决定的。此次高考综合改革的一个重要特点就是加强高校培养与高中教育的联系，以打破原有的基础教育以高考为目标、高校培养以高考为起点的分割模式。但高校通过设定招生专业选考科目以引导高中教育还远远不够，还必须系统推进学生培养改革，以贯通高等教育与基础教育。随着改革全面深化与持续推进，高校新的教育教学体系设计与个性化人才培养方案的实施必然将被提上议事日程。这既是对高考综合改革的支撑，也是构筑创新人才培养模式的长远举措。

原载于 2018 年 4 月 13 日《上海中学生·高招周刊》

第三节　春考招生

浅议春考方案与考试安排

近日,市教委和市教育考试院分别公布了《2018年上海市普通高校春季考试招生试点方案》《上海市教育考试院关于2018年上海市普通高中学业水平考试的实施意见》等文件,再结合传统的秋季统一高考,形成了完整的高三学生升学考试的年度安排,十分有利于同学们制定学习与考试计划。

这几个文件与高考综合改革背景下实施的2017届学生升学考试总体安排基本保持一致,比如强调普通高中在籍学生必须参加各科目合格性考试,以取得合格成绩作为完成高中阶段学习和参加大学招生录取的必要条件;再次明确首次参加统一高考的学生自主选定的等级性考试不得超出3门科目,且均只能参加一次考试;2018年各科目学业水平考试的形式、时间安排与2017年相同;对春考试点院校与招生专业的要求,以及结合统一文化考试和院校自主测试的录取模式没有变化等等。方案的主要变化是春招的志愿填报时间调整到了考后,这个调整实际上也是顺应了近两年春考的发展变化。本市从2015年起向应届高三同学开放春考招生,并确定录取标准为统一文化考试成绩与院校自主测试成绩,尤其是春考统一文化考试的命题要求调整,更是激发了同学们的报考热情。相比之下,原先的志愿填报方式不仅降低了考生志愿的有效性,也影响了报考考生和招生高校的利益,此次调整可谓顺势而为。

按照"两依据一参考"招生录取模式制定的高考综合改革试点方案

明确界定和强化了高中教育内容,即以立德树人为根本任务,培养学生的社会责任感、创新意识和实践能力,实施完整的学科知识教育。从试点实践看,高中对于学科教育目标的认识与教学要求的把握仍需要长期的努力,但已经冲击了普遍存在的以高考科目为教育教学唯一内容的状况。同时,上海独特的春考招生方案也是对"两依据一参考"招生录取模式的成功诠释,即以高考要求命制统一文化测试的试卷,并由招生院校对报考学生的学业成绩及综合素质信息进行分析评判,结合校测(面试)结果形成对申请考生的综合评定,以确定录取结果。上述过程中,考生的日常表现、学业状况、报考意愿、统一文化考试成绩以及高校的综合评判都在实际录取过程中发挥了重要作用,形成了较为理想的考试招生录取模式。

高考综合改革在推动高中教育和高校招生改革的同时,也丰富了学业测量与综合评判的内容与方式,促进了学生多方面的发展与多视角的呈现,这与以往仅凭一次考试获得录取机会是有本质区别的,因此完备的考试方案制定和及时发布是必须的。另一方面,日趋完善的考试方案也显著增加了考生的选择性,使学生的学习努力程度与考试的选择安排具有同等的重要性,学校与家长要协助考生根据自身状况做好分析判断,以有效利用发布的考试计划争取最好的结果。

原载于 2017 年 12 月 22 日《上海中学生·高招周刊》

春考招生是较为理想的大学专业录取模式

本周起,上海高校的春考招生进入了考生志愿填报、院校自主测试和录取确认等阶段。23 所院校的 60 个招生专业将接受考生的挑选,在此基础上招生院校也将对达到专业自主测试资格线的申请考生开展面试或技能测试,以择优录取。

作为高考综合改革的重要组成部分,上海的春考招生在报考对象扩大到所有应届生的同时,将招生专业确定为市属本科院校的国家级特色专业或应用型本科试点专业,很好地契合了高校的特色办学和专业的特色培养。从公布的招生专业看,诸如戏剧学院的表演、戏剧影视文学,中医药大学的中西医临床医学、康复治疗学,应用技术大学的建筑学、香料香精技术与工程,师范大学的学前教育、小学教育、艺术教育,海事大学的交通管理、物流管理,政法大学的法学、公安类、社会工作,健康医学院的护理学、健康服务与管理等专业,都反映出鲜明的学校特色或专业的职业背景。这些招生专业不仅要求考生有强烈的职业志向,还要求考生必须具备相匹配的特定的技能及水平。显然,这样的招生要求在仅以高考总分为唯一录取依据的秋季统一高考招生中是难以实现的。

招生是培养的第一个环节,理想的招录模式应该与培养相一致,春考招生就很好地体现了这一点。学生参加春考招生,首先要通过全市统一的语文、数学、外语 3 个科目的文化考试,其成绩达到一定标准才具有填报志愿的资格,确保了报考考生的基本学业水平。志愿填报方案也充分反映了考生的意愿,所填报的两个招生专业志愿不分先后,同时被投档到相关院校参与专业录取,是真正意义上的"平行志愿投档"。而在录取阶段,院校可通过面试或技能测试考查学生的学科特长、专业素质和能力,以评判其接受专业教育的适合程度,结合统一文化考试成绩和综合素质评价信息形成最终的录取依据,保证了所录取学生的学业程度和专业培养所需要的职业素养或技能水平;而考生所填报的两个专业志愿如果均被录取,则可由自己作出最后的录取确认。如此,既充分尊重考生意愿,又有效保障院校招生自主权,而且顺应"两依据一参考"招生录取模式的改革,受到了招生院校和考生的广泛好评,春考招生人数与报考人数连年增长。

　　从考试评价的视角看,春考招生的录取模式与专业培养要求相一致,但也有很多考生无法清晰地归纳自身特点并与未来的发展方向或职业领域相联系,当面对春考录取、专业志愿填报时就难以抉择。这就提醒我们的教育还是要加强理论与实际的结合,使学生在充分的体验、实践中认识自身的兴趣、爱好、特长,提高其判断与选择的能力,这不仅是高考志愿填报的需要,也是适应未来生活、工作的基本能力要求。

　　　　　　　　　　　原载于 2018 年 3 月 2 日《上海中学生·高招周刊》

浅议适合参加春考招生的学生特点

　　2018年的第一个周末，上海春季高考、统一高考的外语科目第一次考试(以下简称"外语一考")以及普通高中学业水平(语文、数学、外语科目)合格性考试顺利开考。从报考数据看，参加外语一考的人数与去年相仿，但是报名参加春考的人数有所增加，有媒体分析是因为今年春考首次实行考后填报志愿，以及参加春考招生的多所院校投放了热门专业或增加了计划的缘故。在媒体的报道中也能看到，有考生表示如果能考上心仪的院校或专业，就会把握这个机会；也有更多学生表示认真准备了外语一考，但更多地是把春考当作秋考的模拟，这一点可能也是许多高中学校动员学生全员参加春考的重要原因。

　　经过持续推进的高考改革，上海事实上形成了一年两考的高校招生录取机制，有效拓宽了学生的升学路径。以参与春考招生的20多所试点院校为对象，分析其秋季高考招生录取情况，可以发现就院校属性和录取分数而言，这20多所试点院校能涵盖本市70％左右考生的入学需求，也就是说对于大多数考生来说，无论现在选择春考录取还是以后参加秋考招生，都呈现出结果的一致性。同时，春考招生独特的制度设计也充分保障了高校办学自主权，使高校能通过招生方案的制定与实施向社会传递其办学理念与办学特色，并探索符合专业特点的选拔录取，有效提升招生能力。另一方面，春考招生制度设计强化了对学生全面发展的要求，引导社会重视学生的社会责任感、创新意识和实践能力培养，也为将来走向大学入学申请制奠定了基础。

　　考试选拔方式是由培养制度所决定的。就1月份的春季高考设计来说，招生专业更多是国家级特色专业或市属高校应用型本科专业，录取的学生除参加语文、数学、外语科目的统一文化测试并达到规定的成绩外，还必须通过招生院校和专业的校测选拔，所以参加春考的学生要基本完成高中要求的语文、数学、外语科目学习，对招生院校有较为清晰的认识与定位,最好有明确的专业或职业方向,这才是春考招生的目标学生。当然,在目前依然统一的高中培养模式下,还很难产生与春考招生院校和专业对应的学生群体,但是通过若干年的春考招生实践,这部分学生自然会增多。因此,高中学校动员全部学生以模拟为目的参加春考的做法是值得商榷的。在 1 月份这个时间节点,高中以两年半的教学周期,不仅要完成各学科正常的教学计划,而且要能使学生达到高考要求的程度,似乎不大可能,这在去年春考时对部分高中的调查中也已得到证实。但媒体报道说,今年大部分高中普遍要求高三学生参加春考,这无非是存在两种可能性,一种是这届学生的教学安排按照考试计划进行了调整,另一种是仅作为高考模拟,但其结果可能会扰乱学生进一步的学习安排。学生的培养方案是教育教学规律的具体体现,其科学性和严肃性必须予以保证,而考试计划是服从于培养计划的,且提供培养和成长的更多可能性。

原载于 2018 年 1 月 12 日《上海中学生·高招周刊》

春考成绩的比较与使用

刚才（1 月 28 日晚 18：00），本市春考成绩开放查询，同时公布了春考招生志愿填报的最低成绩资格线及相关成绩分布表。

从去年春考开始，绝大多数考生都报名参加考试，考生人数超过45000，而春考招生计划才 2200 多，且招生院校与专业有特定指向，所以真正瞄准招生目标的春考考生所占比例很低，绝大多数考生是把这次全市统一考试当作模拟考了。

作为全市统一考试，特别是高考招生考试，其命题质量与考试组织的严密性当然是毋庸置疑的。从两年春考的考分成绩比较，也能看出试卷设计的稳定性。今年春考语数外 3 门科目合成总分与去年春考成绩相比，不仅总分的平均分之差不超过 2 分，而且总分相应的第一四分位数、第二四分位数和第三四分位数之间的差也都在 2 分之内，所以两年的总分分布非常接近。加上两年的考生人数相近，所以今年划定的最低成绩资格线仅比去年低了 2 分，这也说明两者成绩分布的一致性。除总分外，各科目的分数分布也呈现相同的特点，无论是平均分还是三个四分位数，同科目两年间的差距都很接近。

由于把春考视作模拟考，考生对成绩的运用通常会聚焦在两点，一是与区内模拟考成绩或排位的比较，二是对 6 月秋考成绩的预测。

在春考前后，各区都组织了本区的统一测试，一般称为"一模"。既是对科目教学成果的检验，也是对学生学习程度的评判。近年来，各区的"一模"从命题到阅卷的质量都有所提高，但对知识点的选择、试题的素材与情境，以及对解题过程的要求等，试卷的设计各不相同，与全市统考的试卷差异更是明显。就特定群体而言可进行相互比较，但具体到考生个体，比较意义就很弱了。每次考试的试卷不同都会有影响，何况考试的人群不同，就更加缺乏比较的意义。好在春考是特定的专业招生，且辅助采用院校自主测试方式，部分弥补了单纯依赖考试分数所存在的问题。

类似的问题在每年的学业水平考试中也有反映。新高考的合成总分包含了学业水平等级性考试成绩,因此考生十分关注自己在各科目测试中的相对排位,并据此预测最后等第。我们经常听到考生议论说,他的某科目在学校里或区里的测试中一直是 A 等第,或者说从没有低于 A 等第,但参加全市统一的学业水平等级考却得了 B 或更低的等第成绩,由此质疑考试不公平,如此等等。实际上,如果缺乏严密的数学论证和方法的支撑,一个学校范围、一个区域范围的考试结果与其他学校或区域范围的考试结果是不具可比性的,与全市统一考试所得的结果也不具有一致性,所以无法进行直观意义上的比较。

同样,依据春考成绩对秋考成绩的预测也难如人意。虽然春考作为全市统一高考,在命题、考试组织及阅卷等方面的质量得到保障,且春考考生人数与秋考人数相近,但从已有的分析结果看,凭春考成绩还是难以预测秋考成绩。可能是尚缺乏充分的数据支持,但更有可能是考生的态度使得结果产生了偏差,因为真正参与招生录取的春考人数占比很低,大多数考生抱着熟悉高考流程的目的来参加考试,所以态度上就比较轻松。语文、数学和外语 3 科中,无疑大家对外语科目的考试是最认真的,而对语文、数学很难达到同样的重视程度,比如语文阅卷中就有阅卷老师反映说作文的整体水平与秋考相比存在明显的差异。实际上,类似的现象在各区中考的两次模拟考试中也存在。通常“一模”的考试成绩会影响高中的自主招生结果,所以大家的重视程度就远比“二模”时高,考试分数与学生能力的关联性也就更强。要想获知分数背后更多的信息,还需要我们用更好的工具做更深入的分析与挖掘。

原载于 2019 年 1 月 28 日《上海中学生·高招周刊》

第四节　高考命题

高考试卷的"中国味"

在全社会的呵护下,今年的高考在平静祥和中落下帷幕。超过1000万的学生在相同的时间段做着相同或相似的试卷,想想也是非常壮观,极具画面感。浏览今年的语文、数学、英语高考试卷,无论是本市和北京、天津、江苏、浙江的自命题试卷,还是由教育部考试中心统一命制的全国卷,都前所未有地融入了诸多德智体美劳的元素,值得关注。

如全国语文Ⅱ卷作文试题精心选择了"五四运动""新中国成立""改革开放""五四运动100年""新中国成立70年"这5个标志性历史节点作为素材,天津卷以方志敏、陶行知、黄大年的事迹作为写作材料,都是启示考生要建立正确的人生观、价值观,强调个人对国家、民族的责任与使命。上海语文卷以"士不可以不弘毅,任重而道远"为开篇,浙江语文卷《孟子·滕文公上》中的孟子,江苏语文卷《临川汤先生传》中的汤显祖,都在对学生进行君子人格的熏陶。全国语文Ⅲ卷要求默写《论语·子罕》中的"三军可夺帅也,匹夫不可夺志也",喻示青少年要有坚定的理想和百折不回的意志。全国语文Ⅰ卷要求默写范仲淹《渔家傲(塞下秋来风景异)》中的"浊酒一杯家万里,燕然未勒归无计",表达的是为国戍边、牺牲自我的奉献精神。江苏语文卷选用韩愈《学诸进士作精卫衔石填海》,全国语文Ⅰ卷选用鲁迅的《理水》以及默写部分中选用李白《蜀道难》的名句"地崩山摧壮士死,然后天梯石栈相钩连",都是在赞扬坚定信念、全力以赴、埋头苦干的奋斗精神。

"体美劳"的元素更多地是通过试题选材来呈现的,特别值得一提的是北京数学卷中以笛卡尔首次绘制出的心形线为来源的试题设计，全国理科Ⅰ卷中以著名的《断臂维纳斯》雕塑所引出的对人体黄金分割之美的探讨，都是引导学生感受数学之美、欣赏生活之美的创意之举，引起了广泛的共鸣。

从整体上看，英语试卷的语篇容量大，在选材上也体现了"人与自然""人与社会""人与自我"三大主题，有利于测评设计。以上海英语卷为例，听力部分的长对话谈及学生支教的志愿者经历，赞扬坚韧不拔的意志，弘扬无私奉献的精神。词汇部分的语篇以户外活动能防止近视的研究为素材，引导学生关注体育锻炼，树立健康为本的理念。阅读理解语篇讲述了一位家境贫寒的女孩通过辛勤劳动为家庭分忧解难的感人故事，引导学生热爱劳动，勇于承担家庭责任，保持积极向上的人生态度。这些语篇既传递了正能量，也引导学生全面客观地认识问题，适合对学生开展语言能力和思辨能力的综合考查。

此次高考实现了对德智体美劳的全面测评，但从试题选材与测评设计的完美性上看，还有很大的改进空间。如"热爱劳动，从我做起""青春接棒，强国有我""2019的色彩"等写作试题的设计，主题过于直白，缺乏母语的美感。相比之下，全国语文Ⅲ卷作文试题"画里话外，师生情长"，于情于理都给予学生充分的想象与表达空间。

当然，高考的主要任务是通过对学生学业的测评，满足高校选才的要求。今年的试卷也显现出起点低、坡度缓、层次分明、区分度好的共性。各科目试卷普遍重视对基础知识和基本技能的考查，覆盖面广，难度水平呈阶梯分布。另一方面，试题命制重视真实情境的创设，对考生运用学科思想和方法解决实际问题提出了较高要求，也使得试卷有了合理的区分度，满足高考测评的要求。

今年高考试卷浓郁的"中国味"，势必对高中教育教学产生深刻的影响。

原载于 2019 年 6 月 14 日《上海中学生·高招周刊》

高考外语科目改革的效应

上海 2017 年的高考新政,就考试科目而言变化最大的是外语,不仅是一年两考,而且试卷结构既保留了原有的笔试和听力部分,又新增了专门的听说测试。这不仅引起了全体考生(目前报名数据反馈,两次考试都将有 5 万余名学生参加)的关注,同时推动了外语教学模式和评价体系的变化。

首先,促进了传统外语教学模式的改革。长期以来,我们外语的教学时数不少,考试成绩也不错,但却一直受到"哑巴外语"的质疑。尽管上海较早引入了听力测试,也设置了口试项目作为高校录取的参考依据,但是高考评价主要还是采用笔试方式,使得高中外语教学中语言能力(包括听说能力)的综合运用不被重视。这次上海的高考改革方案明确提出了外语听说测试的要求,尽管计入总分的分值非常有限,但起到了很好的作用。近期媒体有报道,上海的高中从 2014 年 9 月起已经将听说教学纳入了外语常规教学中,辅助以相应的设施设备建设,有效提高了学生的外语综合能力。

其次,建立起了外语听说测试的标准化考试场所。因为新增的听说测试被纳入统一高考外语科目的考试范围,成绩计入总分,这就对考试环境提出了高要求。到今年夏天,市教委会同各区县教育局,已经建设完成了 81 个考点的 225 个外语听说测试标准化考场。这些考场均具备身份验证、作弊防控、视频监控、考试环境独立、实时数据检查等功能,能够满足全市考生参加外语听说测试的要求。

第三,改变了原有的高考外语科目试卷命题组织方式。按照上海的新高考方案,两次外语考试分别安排在 1 月和 6 月,考生可以选择其中一次参加,也可以两次都参加,选择较好的一次成绩计入高考总分。这就要求两次考试的试卷必须保持等值,即两次考试试卷的各项评价指标要保持一致,这对现有的命题方式提出了挑战。通常一次考试采用专家集中入闱进行试卷命制,但是两次或多次考试的命题必须通过题库建设,其中试题的各项属性指标必须被精确定义,当需要进行试卷命制时,可以通过优化组卷系统进行试题筛选和初步组卷,再通过专家人工干预,完成试卷命制。

上海作为中国改革开放的前沿和国际大都市,学生的外语水平一直是高于全国大多数地区的,这次将听说测试纳入统一高考,又一次提升了上海外语的教学水准和学生的外语水平。同时,外语一年两考背景下的命题组织方式改革也有力提升了上海考试命题的科学化程度,缩小了与世界水平的差距,为上海的考试评价改革奠定了扎实的基础。

尽管我们还面临着全面实施 2017 年高考改革的巨大压力,但从两年多来考试招生综合改革的实践来看,已经明显感受到其对高中教育、考试招生,以及即将对大学教育所产生的全方位影响,充分说明高考改革在推进教育改革,也在倒逼教育改革,也再一次证明了中央选择考试招生制度改革作为教育改革突破口这一决策的正确性。

原载于 2016 年 11 月 24 日《上海中学生·高招周刊》

春考英语难度高？别被带偏了

2019 年春考外语考试一结束,就有人凭着考生回忆的与英语试题有关的原文素材进行搜索,发现从听力、阅读理解、完形填空到写作的不少语料都来自英美报刊或网站,内容为"听力题来自美剧《生活大爆炸》,填空题来自《纽约时报》,完形填空来自英国《卫报》,概要写作的文章则源于美国环保署网站"的贴子一时成为网上热点。由于完全理解这些文本所需的阅读词汇超出高考所要求的词汇量,有人就此质疑春考英语试卷的难度是否超出了标准。

从英语国家的原版素材中选择适合的语料是上海高考英语命题的一贯做法,当然所选语料的话题与内容必须符合相应课程标准的规定,试卷设计也必须满足有关考试方案的要求。因此,在试题的命制过程中,必须在词汇、体裁、题材等方面对原始语料进行改写和注释,以保证试卷上的文章符合《考试说明》的要求。

首先,需要对原始语料进行恰当剪裁,确保考生能在规定的时间内完成所有试题。如本次试卷词汇部分的文章"Everyone a Changemaker"选自 *New York Times*,原文共 19 个段落、860 词,内容是对"changemaker(变革者)"这一新理念的介绍,也给出了如何培养孩子具备这种理念的建议,而试题只节选了原始素材中介绍这一新理念的部分,形成一篇 6 个段落、350 词的文章。又如本次试卷完型填空部分的文章选自 *The Guardian*,原始语料共 27 个段落、1547 词,内容是关于旅游城市居民对游客的敌视态度,也介绍了"可持续性旅游"这一理念,而试题只节选了"可持续性旅游"的内容,形成一篇 6 个段落、421 词的文章。

其次,要对原文中超出考生认知水平或不在高考词汇手册范围内的单词进行处理。如此次试卷完形填空的原文中有"carbon footprint"这一短语,虽然这两个单词本身并不超纲,但组合在一起表示的"碳足迹"这一含义考生未必了解,所以将原文改写为"...carbon emissions the Japanese produce on their way";又如某阅读语篇的原文中有多处使用了"cite"这一超纲单词,根据其在原文中的意思,将其改写为"mention"这一词汇手册中的单词;又如另一阅读语篇的原文中有超纲单词"decommissioning",这是作者在说明"和核能相关的一切都很庞大"这一观点时所举的例子之一,即便没有这个例子也不会影响原文的意思,就删除了;再如概要写作语篇中的"pollinate"一词也为超纲词汇,但由于它是文中的关键信息,而且它所表示的意思"给……授粉"不能简单地用其他词汇替代,因此对其加注了中文。

当然,高考必须具有区分度,选文的话题也会涉及人文、社会、科学、经济等多个领域,尤其是选用的语篇或词汇要呈现一定的梯度,以保证不同能力水平的考生能发挥出自己的水平。同时,高考也必须给教与学带来正向的反拨作用,如英语的听说测试、英语笔试中的概要写作等新题型对考生掌握基础知识、提高语言运用能力都起到了积极的作用。因此,试卷命题的设计既要突出基础性和综合性,也要体现应用性和创新性。

所以,网上以未改编的原始语料判断考试难度当然是不准确的。但因为有了网络,围绕主题的关键词能够找到多个类似的文本,公众面对有意模糊原文素材与考试试题区别的所谓分析难免表现出焦虑,而那些"能读专业刊物至少需要1.5万到2万阅读词汇量的积累""试题来源、取材愈发倾向于英美的原版报纸、网站(这次甚至还有美剧)"等内容的帖子,更是误导公众,甚至也有官媒转载,可见其迷惑性。实际上,这些耸人听闻的标题——"春考英语12000词的缺口,试题与考纲的鸿沟究竟怎样跨越?""12000词的缺口,我拿什么拯救你?"等,一看就是想把学生引向校外培训,再加上每个帖子结尾处的微信、微博地址,以及培训机构名称甚至广告语,看了就知道这终究是市场或利益的作用。

考试测评是专门的学问,有其自身的方法与规律,它的任务就是按照考试设计方案命制最为合适的试题,目标就是以最大的可能性测评出考生的真实能力。

原载于 2019 年 1 月 18 日《上海中学生·高招周刊》

高考成绩的绝对分数与相对位次

6月是最受关注的考试月,不仅有各级各类学校的期末考试,还有中考和高考。随着高考成绩的发布,同学们若是成绩高于预期则欣喜,低于预期则沮丧,也有部分同学的高考成绩会与预期相当。当然,同学们的预期都是基于平时的学习成绩在班级、年级中的比较,或是通过模拟考试以及从往年高考试卷中所获得的信息,等等。考试成绩的高低虽然能在一定程度上反映学业水平,但受到不同试卷的考查内容、范围、难易度等因素影响,最终的高考成绩或者曾经的成绩都是特定条件下的结果,并不具有普遍性。

美国教育研究学会等机构2014年出版的《教育与心理测量标准》(*Standards for Educational and Psychological Measurement*)认为考试是"一种工具或程序",通过这种工具或者程序,可以得知被试者在某一特定领域中的行为表现,并使用标准化过程对其行为表现进行评价和评分。所以考试是为了收集被试者在某一特定领域中的行为表现而采用的一种手段,比如,一个单元的单词默写是考查被试者掌握这一单元中单词的情况,又如,PISA考试明确说明其考查的是被试者的"阅读素养、数学素养和科学素养",而高考只考查《考试说明》中规定的学业表现——这就如同艺术、体育的选拔一定是某个具体技能项目的测试,考试设计及试卷命制必然是围绕特定目的进行的。由于受到考试时间、试卷容量、试题呈现方式的限制,一次考试中实际考查的范围或内容是有所选择的,而对被试者进行的评价或评分也只能针对其在具体试卷或试题内容上的表现。因此,尽管对被试者的表现所作出的评价和评分成为对考生整体表现的一种认定或评定,但是考试的偶然性或抽样误差的存在是显而易见的,因而具体考试结果之间的比较,尤其是考试原始分数之间的直接比较,其意义就非常有限。

考试结果需要通过成绩报告加以呈现,报告有我们熟悉的分数报告、等级报告、评语报告,以及分项报告或综合报告等形式。以反映学业达成度为主的学业测评,通常采用等级报告或评语报告。如目前小学低年级多采用评语报告,并且以分项描述为主,以体现学生在不同方面的长处,五分制的等级报告曾经广泛用于学校的考试成绩报告中。现行的高中学业水平合格性考试采用"合格/不合格"成绩报告,等级性考试则采用"五等十一级"成绩报告,都表示对学业达成度的一种判定。考试结果的等级报告是对考试固有的偶然性或抽样误差的一种修正,其科学性优于原始分数报告。

由于高考不仅是对学生学业的测评,更是高校录取的依据,早期的教育资源短缺以及如今的优质教育资源不足使得高考还承担了决定教育资源分配的重任,所以高考理所当然地成为一项"高利害"考试。其特征之一是对考试过程的严格管理,如统一试卷、统一时间、统一评卷等,以确保考试过程的公平;另一特征是采用原始分数的成绩报告方式,以实现高校录取时的"分分计较",确保录取过程的公平。实际上,高考的考试科目构成、考试无法避免的测量误差及成绩合成方式等都值得进一步探讨和完善,但"不患寡而患不均"的社会现状抑制了教育考试在科学性上的探索,去年浙江的英语赋分事件就是一个典型案例。

尽管高考分数是高校录取的基本依据,但仅凭高考分数是难以推测录取机会的,因为除去考试本身存在的不确定因素,录取与否还与高校招生的计划数和志愿填报人数密切相关。相对于高考分数本身而言,分数的排名或位次或许更为关键。如本市某高校的院校专业组2017年的录取最低分是542分,2018年的录取最低分是546分,在录取人数相当的情况下看似分数有差异,但2017年的位次为5493,2018年的位次为5434,基本相符。同样,本市另一所高校的院校专业组2017年和2018年的录取最低分都是512分,但2017年的位次为11795,2018年的位次为12182,相差387位。也有两者一致的例子,如本市还有一所高校的院校专业组2017年和2018年的录取平均分都是

441分,该平均分在 2017 年的位次为 28564,在 2018 年的位次为 28628,尽管相差 64 个位次,实际却是处于同一等次的。

在目前普遍采用的考后知分知线知位志愿填报方式和平行志愿投档模式下,考生的高考成绩位次的重要性远高于高考分数本身。

原载于 2019 年 6 月 24 日《上海中学生·高招周刊》

第五节 考试改革

高考倒计时

2018 年高考脚步日近,考生们自然是高度紧张,越发觉得时间不够,服务于考试的招考机构和诸多部门也是精心准备、严阵以待。

经历了去年第一次实施的高考综合改革,今年的考试组织工作更加扎实有效。按照教育部相关规定,国家保密机构已经对高考各环节的所有涉密场所和保密制度规范进行了检查,全市招考机构根据新要求重新制定了考务工作手册并进行了培训,对远程视频指挥与巡查系统、听说测试系统的检测与演练也正在进行中。此外,还将对所有考点的 2000 余个考场开展设施设备与操作规范的检查。相关部门也将对考点周边的电力系统、建筑工地、交通秩序、食品卫生等开展综合整治,为全体考生营造良好的考试环境。

按照上海高考综合改革试点方案的设计,上海的高考实际是由春季高考、专科层次依法自主招生、"三校生"高考、高中学业水平等级性考试和统一高考(秋季高考)组成。前期已经有 2000 余名考生通过参加 1 月份的春季高考,被本市 20 多所本科院校的特色专业录取,也有 3000 多名考生通过参加 3 月份举行的专科层次依法自主招生,被本市高职(大专)院校录取。对上述 5000 多名考生而言,高考的"负担"早已卸下了。

改革不仅给高中毕业生提供多样的升学途径,在考试科目和考试时间的选择上也更加个性化。有同学在高二就选择参加地理或生命科学科目的高中学业水平等级性考试,也有同学选择在高三参加所选 3

门科目的等级性考试,至于参加外语一考或两考的选择,则有更加充分的自由度。如果说这些选择所带来的仅是形式上的变化,那么等级性考试科目成绩的等第制设计就是对高中教育的深度变革了。尽管对这一制度设计还存有不同的观点,但通过两年的完整实施,我们可以从不同科目相同等第成绩的比较中直观地看出高中学校各自的学科特点,切实改变了原先模式下"一家独大"的局面,这在一定程度上也是对教师教学质量和学生学习效果检测结果的反映。如果结合选科信息深入分析学生被高校录取的整体质量,相信这一高中培养均衡化的趋势会体现得更加明显。因此,等级性考试科目成绩的等第制设计支持了高中学校的特色办学。

选择的自主性与多元化是所有领域可持续发展的基本要素,教育也不例外。高考改革为高中教育培养提供了更多选择,也提供了制度保证,但要充分认识这一点,并能用系统观点加以评判与设计,还是不容易的。好在目前的改变还很有限,更多的部分还得靠未来几天的高考来呈现,衷心祝愿所有考生都能在高考的考场上展示真实的学习成果,为理想的升学奠定坚实基础。

原载于 2018 年 6 月 1 日《上海中学生·高招周刊》

高考也进入了计算机时代

刚结束的上海 2017 年春考可以说是目前国内最为复杂的统一考试。首先,作为上海市普通高校春季招生统一文化考试的语文、数学、外语 3 科,是以秋季高考同样的要求进行命题,而不再用以学业水平合格性考试为基础的试卷样式,即新高考的数学不分文理、外语一年两考等改革已经实施;第二,单独设立了高考外语统一考试,作为一年两考中的第一考,接受仅参加外语高考考生的报考;第三,仍然设立语文、数学、外语 3 科目的高中学业水平合格性考试,以满足仅需获得高中毕业文凭的学生的需求,同时还要设计以春考相关科目成绩作为学业水平合格性考试成绩的转换认定方案。

多项考试的同时举行带来了考务管理的变化。每个考区都必须分别设立上述 3 项考试的考点或考场,且各项目考试的时间、规则等不尽相同。当然就同学个体来说,他只是参加其中某一项考试,只要按照准考证(或考试通知)上所标明的时间和地点参加考试就行了,感受不到后台操作的复杂性。

从实践看,今年春考的最大挑战是计算机的引入。由于听说测试纳入外语统一高考,并以多批次人机对话方式实现,考试安全管理的内容变得丰富而复杂。从以往的仅关注现场考试安全,发展为硬件环境的可靠性、考试系统的稳定性和现场监考的完整性三个方面,而现场监考也分成了候考管理、现场监考和留置管理三个环节,不仅环节增多、人员多样,还要空间支撑,可以说这已经不是原有管理方式或规则可以覆盖的了。

更为重要的是,多批次考试的特点促成了对统一考试的新认识。比如,为确保考试安全和不同批次考试的均衡,不同批次学生面对的试题可能是不同的,试题必须从题库中抽取。如果仍按照传统听力测试模式思维,即所有人在同一时间获得同一测试内容为出发点进行思考的话,就会纠结于测试试题的公平、测试时间的公平、测试机器的公平等无法穷尽的问题,从而影响改革本身价值目标的实现。比如此次考试组织过程中,有关学生考试地点的确定、学生考试时间段的分配、试题从题库中的抽取、试题的场次分配等无疑都表明了这样一个事实:我们正逐渐走向机会公平、程序公平。

最近 20 多年来信息技术和互联网技术的进步,使得经济社会发展,大众社会生活发生了翻天覆地的变化。非常有意思的是,唯有最具影响力的中国高考仍然保持千年以来的纸笔模式,表现出独特的"传统"和"经典"。虽然作为工具,相关技术已经在考试管理、成绩记载、远程录取、网上评卷等方面发挥了很大的作用,但这些应用都还停留在简单的工序替代水平,远没有发挥科学和技术应有的支撑作用。此次,基于外语听说测试的技术需要,以及满足符合考试公平公正原则的要求,把信息技术及其应用方式直接引入了高考,这是一个标志性的进步。由此引起的变化对考生而言容易接受,因为他们本身就属于这个时代,但对于社会管理者和社会大众却或许是个挑战,因为以往的经历和经验可能无法支撑其获得新的认识,这也是高考综合改革带给我们的新问题。

由此看来,这次全方位的高考改革不仅仅是考试科目和招生方法的改革,而且要实现思想认识的提高,这也是社会发展对教育的必然要求。

原载于 2017 年 1 月 13 日《上海中学生·高招周刊》

关注听说测试模拟系统和志愿填报辅助系统的使用

进入 5 月,高三同学对高考进程有了陡然加快的感觉,完成了高中学业水平等级性考试,正全力以赴准备语文、数学、外语 3 门科目的统一文化考试,高校的招生咨询和宣讲也在进行中。除此之外,我们还可以关注什么呢?

一是关注高考英语听说测试模拟系统。2017 年开始试点实施的上海新高考方案中,外语各科目在笔试(含听力)的基础上,增加了对听说能力的测试,实现了对考生外语学习的全方位测评。这一考试变化促进了高中外语教学的完整性的提高,高中因此安排外语听说或口语课程,告别了困扰师生多年的"哑巴英语"教学模式,学生学习外语的实际运用能力得到了显著提高,这是发挥考试评价正确导向作用、推进教学改革的最好案例。为适应高考中增加的这一新型考试方式,高中学校一般配备有用于英语听说测试训练的机房和系统以供学生日常训练,但英语听说测试使用人机对话形式的机考系统,这相应系统的开发有所欠缺,而商业公司提供的测试软件效果一般且价格不菲。为此,市教育考试院组织建设了高考英语听说测试模拟系统,由命题专家按照考试要求开发试题供模拟测试。该系统于去年 12 月 14 日起分阶段上线试用,当时在教育考试院官网上公告了上线试用通知。据统计,约 200多所高中的同学都对此加以关注,且有 20% 左右的同学参加了在线测试,其中徐汇区、杨浦区、浦东新区、宝山区、奉贤区、青浦区、金山区等区的同学参与度更高些。

从本周开始直至 6 月高考前,高考英语听说测试模拟系统将再次分阶段上线,向已经报名参加 6 月份英语高考并通过资格审核的同学开放。该模拟系统目前仍为内测系统,提供数套试题,每套试题有 3 次作答机会,根据考生的回答还会自动生成等第成绩供参考。系统适合同学们自己在家里或其他合适的场合使用,以熟悉考试流程。

　　二是关注高考志愿填报辅助系统。从 2017 年开始全面实施的新高考方案以同学们的等级性考试科目组合替代了过去的文理分科,高校的专业招生也以等级考科目属性作为计划安排依据,由此形成了上海特有的院校专业组志愿填报模式。今年参加高考招生的高三同学经历了适应新高考模式的高中培养,前期也接受了今年招生政策的宣讲培训,尽管对前两年的招生录取政策耳熟能详,但对具体的政策把握和操作流程却依然是陌生的。以往的经验告诉我们,对高考志愿填报辅助系统的模拟操作是理解、掌握高考政策的最好途径,将会使同学们准确理解院校专业组、等级考科目组合的含义,通过自身选科组合与高校提出的科目要求来了解招生专业,适应考后出分填报志愿的方式。

　　高考改革是系统性的综合改革,也是学生培养模式的改革。选课走班、社会实践、研究性学习、外语一年两考等都指向学生综合素质培养,诸多的考试、招生系统建设也是为了配合这一指导思想。除了以上辅助系统外,像教育考试院官网上的高考科目的考试说明、学业水平等级考科目的命题要求等文本既是表明考试所要遵循的标准、规范,也是提供给考生了解具体测评要求的最重要的途径,能否合理、充分地运用上述资源其实也是对同学们综合能力的一个检验。

原载于 2019 年 5 月 17 日《上海中学生・高招周刊》

第二章

高中学业水平考试

第一节　方案设计

高中学业水平考试的设计

高中学业水平考试制度是高考综合改革的重要组成部分。上海、浙江的试点表明,学业水平考试制度能有效推动高中教学组织模式的深度变革,选课走班成为常态,每个学生获得了更多的选择机会,也促使学校转变培养观念,合理配置教育资源,提高办学水平。实施学业水平考试更为重要的意义还在于规范了普通高中的学习科目,确定了所有高中学生应该学习与掌握的学科知识与实践能力,并以统一考试方式进行检验与评价。将考试成绩作为学生毕业和升学的重要依据,有利于促进学生完成国家规定的各门课程的学习,一改以往较为普遍的只重视高考科目学习的现象。

学业水平考试的定位主要是衡量学生达到"国家规定学习要求的程度",而这规定的学习要求来自国家发布的普通高中课程方案和课程标准,所以这是一个基于标准的教、学及考试评价的过程。但从上海和浙江的实践中,发现明显存在对于学业水平考试科目教学和评价标准认识的缺陷,如普遍缺乏对国家课程标准的研究和宣传,教师的教与学生的学更是缺少标准意识。

有一种观点认为这是目前实施的等级考赋分机制所决定的。目前的赋分办法是依据考生该科目考试成绩所处的百分位确定相应等第,这就形成同一个选考科目群体内部的竞争,考生必须名列前茅才能得到较高的等第,因此教与学的难度难以控制。但另一方面,这样的赋分办法很好地均衡了不同学科在价值取向上的差异,尤其是上海,实施多年的"3＋1"高考科目设置已经使思想政治、历史、地理、物理、化学、生命科学6门科目的选科群体相当固化,显然不利于所关联学科或专业的发展及人才培养。学业水平考试制度实施后,激发了学生的选择热情及对选科科目的关注,基于自身特点的选择一下子颠覆了原有的课程资源和师资配置结构,这使得相当多的学校与教师难以适应,引发了对学生选择行为、制度设计的众多议论,但不得不承认是等级考赋分办法迅速推动了固有课程制度的变革,且对业已僵化的人才培养体系的改革效果极为显著。

还有一种观点是目前高考招生依然是基于总分的录取机制,这促使学生们追求高分无止境。新高考的总分由考生参加的统一高考语文、数学、外语3科成绩加上自主选择的3门学业水平等级考成绩合成,这样的设计把原来已经分离的统一高考科目与学业水平等级考科目又进行了合并,形成唯一的总分作为录取依据,弱化了改革价值。比较理想的是以统一高考的语文、数学、外语3科成绩作为学校投档的依据,而以考生自主选择的3门学业水平等级考成绩作为进入院校专业的依据,这样既强调统一与公平,也充分兼顾个性与效率,是真正意义上的"两依据"。考虑到社会发展现实,只能作出分数抉择以确保公平也情有可原,但目前的制度设计已经为未来实施真正"两依据"奠定了基础。

放眼世界,可以发现除去基于社会意义的制度、程序讨论,也有很好的技术解决方案,那就是科学地衡量学生达到"国家规定学习要求的程度"。要做到这一点,首先是强化对于国家课程标准的充分研读与理解,并化为描述性的语言表达,使得学习、教学、评价的标准相一致,在这方面最值得参照的样板就是教育部颁布的《中国英语能力等级量表》。而目前有些机构将国家标准束之高阁,另起炉灶粗制滥造所谓地方性、有特色的教学标准,严重误导了一线教学。其次,要应用科学评价理论,将标准的描述化为具体可测量的试题载体,并综合运用计算机考试、笔试或面试等，以准确获知学生的能力水平，当然这需要相当的学术支撑。这样不仅学生的能力水平可以被科学测定，且能达成不同学科评价的一致性，这应该是学业水平考试设计的方向。

原载于 2018 年 11 月 23 日《上海中学生·高招周刊》

高中学业水平等级性考试给教学带来的挑战

"上海市 2017 年普通高中学业水平等级考命题要求"已经在本月上旬公布,似乎给摸索中的学科教学带来了光明,但是平心而论,这样的命题要求说明仍是无法解决学科教学面临的根本问题的。

首先,在以往的"3+1"高考模式中,"+1"科目是属于统一高考的科目,其基本定位是满足高校选拔的要求,同时兼顾高中的课程标准,即对已经完成高中阶段学习的对象的测试,这样势必把该学科的教学标准按照选拔要求的高区分度来看待,也就是说无论把标准拔得多高都是应该的、可接受的。而定位于学业水平测试的学科等级性考试,其对象是尚处于高中学习阶段的学生,其测试的目的也应该是检验学习过程中的学生对学科知识掌握的程度,所以两者顶层设计的指导思想是不同的。

其次,此次公布的命题要求前提是遵循教考一致的原则,但是考试招生改革方案的公布却是在 2014 级学生入学开展教学之后,教研部门的课程标准调整方案也是在第一学年即将完成之时推出的,因此高中的学科教学在其系统性和完整性方面是与整体性的改革要求有距离的,即使仅就课程标准的调整方案而言,也难以达到原有课程标准那样的科学性。因此教学过程与目标之间的不一致是必然的,更何况因为学生分层而导致的各高中学校之间的差异、教师之间的差异和学生之间的差异,使得本来就没有统一模式可言的学科教学根本无法达到文本所规定的一致性要求,这已经在近期市教育考试院全面组织的不同类型学校一线学科教师的座谈会上得到了印证。而与之形成对照的是,教育考试评价的测量理论和测量工具是相对成熟的,可以预见原则上的教考一致在不同群体中引起的反应肯定是不同的。

第三,传统教学模式下的教师对新高考方案下的学科教学的理解是需要相当时间适应的。我们原有的"3+1"高考模式已经实施了 20

多年,基本涵盖了目前在校的所有教师,他们自身的教学原则和方法已经深度融合于这样的模式,面对新高考方案下的教学要求,从理念、方法直到形式都面临着变革,在缺乏全方位和全覆盖的高强度培训的条件下,通过自然方式达到新要求的目标,那样的变化是极其缓慢的,对此我们要有清醒的认识。

正因为上述这些原因,我们目前能看到的现状基本就是延续了原有"+1"科目的教学模式,教师的普遍反应是课时不够,学生的普遍反应是负担加重,而学校只能无奈地把所有的校园时间都变成教学时间,依然无法满足所需。实际上,今年5月份的地理等级性考试在一定程度上提示了命题的方向,即在试卷结构规范的前提下,把握一定的难度,充分测试学生对学科基础知识的掌握程度,以及在不同情景下对知识的灵活运用能力,这也给教师的教学提出了知识性、工具性和实践性的要求,因此潜心研究新高考下的教学模式是所有教师面临的新挑战。

原载于 2016 年 10 月 28 日《上海中学生·高招周刊》

浅议走班制教学模式的培养意义

进入新学年,又有同学分别进入了高二年级、高三年级,按照《上海市普通高中学业水平考试实施办法》,高三同学普遍开始等级考科目的学习,高二同学也有个别科目按照等级考要求开展教学。由于大家的科目选择各异,以往行政班级的教学管理模式难以为继,需要转为选课走班制的教学组织方式。

记得 3 年前,高考综合改革刚开始,提出了满足高中学生在 6 门科目中自主选择 3 门开展进一步学习的要求。很多校长的第一反应是"6选3"有 20 个科目组合,不可想象在一个年级里怎么可能组织这样规模或体量的教学,后来总算明白了,世界上还有选课走班的教学组织模式。因此,选课走班制解决了学生选择性学习所产生的教学组织管理的难题。

选课走班制的作用不仅在于灵活的教学组织,它在学生培养方面的意义更为重要。第一,走班制有助于学生自由活泼的天性的发展。青年学生充满活力和想象,基础教育的责任就是保护和发展这种天性,并给予学生更为宽广的认知和多元发展的可能。走班教学所形成的经常性的课程变换与教室转换,使得学生在这一过程中自然接受时间、空间、对象的变换,避免了长期单一的群体组合和单一的评价方式对思想和行为的固化。第二,走班制有助于学生学习能力的提高。学习能力是指怎样学习的能力,有学者认为是由环境和教育的影响所形成的、概括化的学习经验,选课走班教学使得学生与学生之间组成更多的学习共同体,通过广泛吸收不同学生的学习经验,提升自身的学习能力。第三,走班制有助于学生综合能力的提高。事实上,处于变化中的学习群体使得学生的沟通和交流范围明显扩大,学伴间的相互影响也得到强化,尤其对实施全员走班教学或跨年级走班教学的学校而言,对其学生有更为显著的成长促进作用。所以,选课走班制加强了学生综合素质培养,持续促进了学生的个体成长。当然,选课走班制的教学组织模式也必须建立相适应的教学管理、导师管理和学生综合评价等制度,以实现新模式下的学生全面管理。

高考综合改革为高中教育变革和学生培养奠定了制度基础,但长期形成的高中办学模式要顺应这样的改革还有不小的困难,比如学校的师资结构、校园空间可能是改革的瓶颈,学校的办学思想也有可能是更大的障碍。笔者经常收到学生或家长的反馈,被告知学校往往以固定的"选科套餐"来引导和化解学生对学习科目的选择需求,化变化于无形之中。因此,高考综合改革要取得成功任重道远,还需要全体教育工作者进一步提高思想认识,勇于实践创新,才能实现真正意义上的对学生全面而有个性的培养。

原载于 2017 年 11 月 5 日《上海中学生·高招周刊》

如何进一步理解高中学业水平的等级性考试

仅就高考总分的科目构成而言,可以把 2017 年的上海新高考简单称之为"3+3",与实施多年的"3+1"高考模式相对应。但实际上两者是有根本性区别的,首先 6 门基本科目(思想政治、历史、地理、物理、化学、生命科学)必须通过合格性考试,然后从 6 门基本科目中选择 3 门参加等级性考试,而这 3 门科目并无文理之分;不仅如此,每门总分为 70 分的等级性科目的考试成绩,其中的 40 分是由合格性考试所带来的,且等级性考试成绩的获得更多依赖于参加该科目考试的考生群体的相对水平。从中可以归纳出如下三点,一是就高中学业而言,6 门科目的地位是相同的,不会再给予类别或层次的划分,二是 3 门等级性考试的科目组合是由同学自由选择的,三是 3 门科目的等级性成绩的获得更多由选择该科目的同学群体决定,且关联至合格性考试成绩。

从"两依据一参考"的高招录取改革方案来看,"3+3"的科目考试模式的价值指向是非常明确的,即要求高中学生具备完整的知识结构,并在此基础上发展出对于若干学科的兴趣与特长。这就给广大学生提出了这样一个问题:如何学习才能满足这样的培养要求?

就高中教与学的关系而言,首先当然是依据相应科目的课程标准开展教和学。但在强大的旧有模式背景下,相应科目的合格性教学要求和等级性教学要求的差异能否被科学地界定,抑或仅仅是教学内容多少的区别?设想一下,教师们昨天才刚刚送走"3+1"考试模式下的高三同学,过了一个假期就转型为科学分层下的学科教学了,其间的诸多矛盾和冲突势必会在教学过程中不断蔓延和传递,如此,我们的同学必将处于无所学或学得太深的不利境地,这在前一时期的教学调查中屡有反馈。即使通过若干年的努力,我们建立起了科学的课程标准体系,实际上所满足的也仅仅是合格性考试或等级性考试的要求,似乎与我们所说的学科特长的培养目标并不一致,反而容易陷入新的应试教学,这是我们必须避免的。

因此,科目的等级性考试制度应该更多地被理解为学科的培养导向,而不是被机械地看作教与学标准的制定。这就提示课程标准制定者和学校教育者要明确提出学科的培养目标以及与之匹配的实现路径和载体,使得我们的同学在学习的过程中既完成必要的知识学习和技能培养,又能循序渐进、自主发现和提升学习兴趣,直至满足高等教育的学科学习要求。当我们的大多数同学都能达成这样的学习目标时,所谓"基于统一高考、基于高中学业水平考试成绩"的"两依据"才真正是"名至实归"。

原载于 2016 年 10 月 21 日《上海中学生·高招周刊》

再议高中学业水平等级考的影响

被同学和老师称为"小高考"的高中学业水平等级性考试将于本周末（5月6日、7日）举行。这项考试之所以类比高考，是因为按照今年全面实施的上海高考改革方案，高考总分由统一高考3门科目的成绩和自选的3门学业水平等级性考试成绩构成，即这次考试将决定"3＋3"总成绩中的"＋3"科目的成绩。此次6门科目（思想政治、历史、地理、物理、化学、生命科学）全部开考，有9万5千余名考生（含高二年级考生）参加17万多科次的考试，还有8名盲童学校考生参加18科次的考试。

学业水平考试制度是上海考试招生制度系统性改革的重要组成部分。或许我们大多数人还仅仅关注其对高考总分的重新定义，按照原先高考科目的要求开展教与学，这样的认识与做法使得教师和学生承担了过重的压力与负担，也偏离了制度设计的初衷。经过前两年的实践，实际上我们已经能感受到这一制度带来的深刻变化。

首先，促进了各学科教育之间的平等。学生参加学业水平等级性考试的科目是由其在6门科目中自选3门确定的，且每门科目的成绩等第是可比较的，这就从制度上保证了高中学科教育的基础性和均衡性。科目选择的多样性、考试成绩等第的可比性，使得学生能够按照自己所长进行自主选择，这就对原先单一的班级授课制形成了冲击。两年来，高中学校普遍接受了分层走班教学的理念，无论是否真正实行走班制教学，都能重视学生的学习需求。这样的制度设计还加强了学校师资队伍的建设，比如相当多的高中学校发现地理教师、生物教师不足，反映出原先师资队伍的结构性缺陷。所以，高中学业水平考试制度的实施，明显推动了高中办学的进步。

其次，重新定位了高中学科的教和学的要求。原有的高考也包括上述6门科目的考试，但高考是为高校选拔学生服务的，考试要求与高中课程标准之间必然存在差异，这也是高中学科教学要求过度、过偏的原因之一。从高中学业水平考试的定位而言，其重点是考查学生的学习过程是否达到了课程标准的要求，这就对指导教学的相关标准或文本提出了很高的规范要求。从理想模式看，学业水平考试制度与学科教学体系应该是并行不悖的，这样两者都能保持最好的状态。但在强大的应试惯性下，学校的教学计划可能会更多地围绕考试计划进行设置，这也是我们改革推进过程中要加以重视的。

再次，显著加强了学生选择能力的培养。比如学生在确定等级性考试科目的过程中，就可能要考虑自身的学习状况，要了解高校提出的招生专业对科目的要求，或许还要分析所在学校相关师资的质量以及均衡学业压力或强度的考虑，甚至还希望能判断其他可能报考的学生群体，等等，这是一个伴随高中学习生活的过程，也包含了学会自主选择、学会接受结果等丰富的培养内涵。

我们要充分认识到高考综合改革是个系统性改革，其中的学业水平考试制度对高中教育、学生培养的影响也一定是带有根本性的。

原载于 2017 年 5 月 5 日《上海中学生·高招周刊》

教育教学要在国家课程标准的轨道运行

在上周召开的"2018 学业水平考试学术研讨会"上,无论是最新的研究还是国外教育改革成功或失败的案例,都提示我们要强化标准意识,尤其是要强化对国家课程标准的认识。

国家课程标准是国家课程的基本纲领性文件,是国家对基础教育课程的基本规范和质量要求,是教材编写、教学、评估和考试命题的依据,是国家管理和评价课程的基础。现实中,教师们通常会认为国家课程标准过于遥远,其要求也比较有原则性,难以具体落实。特别是上海,即使原先实施的是本地的课程标准,实际教学中也并不以此为依据,而是多采用各级教研部门非正式的各种"教学要求"作为指导,因为这些文本中不仅有具体学习内容或知识点的罗列,更有具体习题或评价示例,确实给一线教学带来方便。但课程标准不仅是国家意志的体现,其制定过程中全匡各领域顶尖学者的参与又确保了其学术性。而反观手边的各种"教学要求""教学参考"等,不忍直视。如,国家课程标准中对教学所要求的通常是综合性的多元因素下的讨论与解读,而各种"教学要求"给出的都是单一的甚至是唯一的表述,所给出的各种示例更是类似选择题选项"4 选 1"的单一结果。如果把这样的要求同样视为考试评价的标准,那就是误导了教育教学。

上海从 2014 年启动高考综合改革试点,实施新的学业水平考试办法;2017 年底,国家又颁布新的普通高中各学科课程标准。为提升上海学业水平考试评价的科学性,我们联合复旦大学组织了各学科的专家成立课题组,以新的课程标准为基础,结合学科的最新发展、高校培养的要求,以及新时代国民素养要求,开展了各学科学业水平考试评价标准的研究,获得了很好的成果。

此次研讨会上,课题组仅从评价视角对目前上海一线教学依据的各种"教学要求"与国家课程标准之间的差异所作的分析就引起了与会者的关注。比如,新课标在理念上"凝聚提炼了学科的核心素养",而现有要求仍以"能力立意"为主;新课标在考查内容上强调"知识的迁移和后天的习得",而现有要求强调"知识、智力、能力和技能的考查";新课标对试题题型要求"临场思考发挥",而现有要求对试题题型强调"题目结构完整,目标指向明确";新课标要求考查学生的"智力水平、思考深度、思维习惯和科学态度",而现有要求强调考查学生"有一定的反应速度";新课标确定的考核目标是"创造性的探究能力",而现有要求确定的考核目标是"常规性的问题解决技能";新课标在考查情景上强调"真实情境化",现有要求强调"学科知识化",等等。虽是研究所得、一家之言,但所归纳的现状我们确实是司空见惯、颇有共鸣,以这样的要求指导教学、甚至考试,我们的培养将难以通过高考改革获得质量提升。

或许是我们还缺乏高质量的师资来保障新课标的实施,只能通过提供各种教学要求以暂时稳定改革进程中的教学秩序,但这样做,结果却严重削弱了改革的价值。此次研讨会上,特邀的英国剑桥大学考评院专家所提供的案例分析也提示我们,不能以降低标准的方式迎合现状。近期,教育部有关部门专门撰文指出,高考的主要任务是立德树人、服务选才、引导教学。高考命题工作要科学设计考试内容,优化高考选拔功能,强化能力立意与素养导向,助力推动中学素质教育。高考命题将不拘泥于固定的教材,而是从历史到现实,从国际到国内,从社会到个人,从理想到实践,环环相扣,融会贯通,聚焦时代使命。这也是对上述讨论话题最好的佐证。

原载于 2018 年 12 月 23 日《上海中学生·高招周刊》

第二节　等级性考试

迎接高中学业水平等级性考试的到来

　　随着"上海市 2017 年普通高中学业水平等级考命题要求"的发布，以"3＋3"为特征的新高考终于走向了广大高三同学。2014 年 9 月进校，作为第一届接受高考改革的高中学生，他们在课程学习、校园生活、社会实践诸方面都已经不同以往，但最为核心和必须聚焦的科目考试要求却还是第一次正式发布。2017 年 5 月将迎来关键的"＋3"科目的等级性考试，或许部分同学已经参加了 2016 年 5 月的地理科目的等级性考试，无论如何都将确定自己的科目选择和考试。

　　如何从 6 门学业水平考试科目中选择 3 门参加等级性考试？我个人认为应该遵循以下原则：

　　一是满足自身对学科的兴趣。这也是此次高考改革非常重要的价值导向，在 12 年基础素养培育的基础上了解和发展对学科的兴趣与所长，引导未来人生的发展，也符合经济社会对人才的需求。

　　二是满足大学专业对所选科目的要求。高等教育的任务是培养学生在专业或学科上的发展，势必会对学生的高中学习科目和能力提出要求，以确保其基础足以顺利完成大学学业。

　　第三是合理判断自身各科目学习的水平和成绩。按照"两依据一参考"的高招录取改革方案，参加 3 门科目等级考的成绩将记入高考总分，但是其计分方法决定了该成绩的不确定性，3 科成绩在总分中的所占比例也表明其与以往"＋1"科目的重要性是不可同日而语的，因此对这个因素的考虑是最不重要的，恰与我们平时的认知相反。

伴随高考改革的进程和发展,我们对新的高考政策及其影响的认识也会愈加完整,可以预见改革会带动高中学校办学水平的提高,会促使学生和家长更加关注全面成长,由此提升基础教育的整体水平。

原载于 2016 年 10 月 14 日《上海中学生·高招周刊》

等级考的话题

本周将迎来今年的高中学业水平等级考科目的开考,该项考试因其成绩计入高考总分而受到格外重视,又因为所考科目由学生自主确定,使得科目选择的话题备受关注。

从去年第一次全科开考至今,大家体会到了学生选科对校内教育资源配置的影响,特别关注到科目计分方法对学生选科的引导,也注意到学生选科结构对高校专业人才培养,甚而对国家经济社会发展的长期影响,等等。应该说有这么多专家能深入高中学科层面研讨教育,相比以往是一大进步。

6门科目从同步学、同时考的统一高考科目调整为学生可以自主选择科目、选择考试时间的学业水平等级考科目,这是此次高考综合改革的关键之一。此举首先是按照基础教育的特点和规律重新界定了各科目的地位,把学生学习、高中教学和高校招生三者置于一个可重新建构的关系之中,凸显了课程的影响力;其次是通过引入"选择"机制,激发学生学习、高中教学和高校招生三者的活力,这从高中因此而开展的教育教学改革,尤其是实施选科走班教学组织模式的实践中可见端倪,当然,我们还希望进一步看到它对高校招生的积极作用。所以确保学生对科目的自主选择是检验此次改革成功与否的重要标志,这也能从第二批进入试点的省市所公布的改革方案中得到求证。

既然是水平考试,其核心自然是对水平的测评,但就这一点来衡量我们的实施办法是有欠缺的。至今,我们所制定的课程标准、所公布的考试要求都还没能清晰地描述不同科目、不同程度的学业水平要求,对于学业水平等级的认定也只能通过考试成绩的相对百分比加以确定。这与高考制度的设计有很大关系,我们通过考试选拔出最优秀的学生接受高等教育,其特点是单一总分制,即总分优先,而并不在意或无法顾及其成绩构成的结构性差异。

日前,教育部发布的《中国英语能力等级量表》为我们的学业水平考试提供了一个很好的范例,比如对语言能力的 4 级界定为:"能理解一般社交场合中常见话题的语言材料,抓住主题和主要内容,把握主要事实与观点,清楚他人的意图和态度。"对 5 级界定为:"能理解不同场合中一般性话题的语言材料,把握主旨,抓住重点,明晰事实、观点与细节,领悟他人的意图和态度。"这样的描述清晰,学习、教学、评价的标准一致,应该是我们学业水平考试研究和改革的方向。

仅仅是"6 选 3"的改革就已经受到大家如此瞩目,撬动了对以往教育教学系统的变革。我们注意到在教育发达国家所实施的课程方案中,通常要求学校和学生从数十门甚至上百门的课程中开展教学和学习,相信目前困扰我们的许多问题当年他们也一定遇到过。所以,来日方长。此次由上海、浙江先行试点的高考综合改革,从突破既有的考试招生制度入手,推动教育综合改革,为将来更为长远的人才培养模式改革奠定了基础。

原载于 2018 年 5 月 4 日《上海中学生·高招周刊》

等级考试卷命题所释放的信息

上周末举行的本市普通高中学业水平等级性考试,6门科目全部开考。等级考的成绩是高考总分的组成部分,除地理外的5门科目又是第一次开考,因此试卷和试题引起了大家的关注。从专家看到各科试卷的直觉反应和有关高中教师、考生的反馈来看,尽管各科目的命题工作在人员组织、工作流程等方面都确保了各自的独立性,但各科目在试卷试题上却反映出了相当的共性,值得引起关注。

首先是各科试卷普遍遵循课程标准、尊重教材,注重基础知识考查的覆盖面。尽管100分分值、60分钟考试时间的限制使得试卷的考查容量受到很大约束,但学业水平考试的定位就是考查学生的高中学习水平,强调对基础知识考查的覆盖面。有考生反映,考试试题、模拟考试题与教师教学中所强调的重点不尽相同,但又确实是教材中的知识点,这就提醒我们高中的学科教学要回归基础教育的定位,按照课程标准和教材的内容进行全面的基础知识和基本技能教学,切忌将教师的主观想法或经验判断作为教学的指导思想。

其次是各科试卷都十分关注时事新闻、科技进步和社会发展,强调与现实生活的联系。试题中既有领导人近期的讲话或观点,也有刚刚发布的世界科技进展,还有我们身边的经济社会发展变化等等,这都提醒高中要把国家大事、社会发展等纳入日常教育教学中。有教师看了试卷后说,以后要把看新闻、读报纸纳入学生每天的生活中。我们确实需要保证基础教育的完整性,"风声雨声读书声,声声入耳;家事国事天下事,事事关心"应该是学生生活和学校教育的常态。

再者是各科试卷都不约而同地强调学生的文字表达能力。这次考试中,有考生注意到除思想政治、历史、地理3门科目外,生命科学、物理、化学3门科目也有个别试题的解答需要一定量的文字表述。由于以往对题目的解答仅是关注结果的"对"或"错",至于其原因、条件、应用等都不需要关心或掌握,所以会有考生觉得不适应。但在现代社会中,表达、思辨、说服的能力已经成为生活和工作的基本技能,且越来越重要,因此我们的教育和考查也要加以关注。

从这次的 6 门科目试卷中还可以发现,等级考对学生在运用学科思维、方法和工具解释或解决实际问题的能力方面有比较高的要求。总而言之,6 门科目独立的命题反映在各自试卷上有这么多的共性,充分说明命题教师深刻理解了高考综合改革的系统性特点,并且对基础教育教学作出了正确的引导。

原载于 2017 年 5 月 12 日《上海中学生·高招周刊》

充分体现学科特征的等级考试卷

　　上周末举行的 2018 年等级考揭开了今年高考的序幕，各科目的试卷或试题成为同学和老师关注的焦点，这不仅仅是因为等级考直接影响高考录取，也因为年轻的等级考尚不为师生所熟悉，所以每一次考试都成为大家具体了解等级考实际要求以及考试改革方向的重要途径。

　　按照既定的命题要求，今年各科的等级考试卷在总体结构、试题题量、主客观题分布、与现实结合，以及价值导向等方面保持了稳定。试卷依然关注学科基础知识和基本能力，考查内容覆盖各学科所有的学习主题或模块，并在呈现方式上更加多样。如思想政治试卷中有"我国企业发展情况"的图表分析题，历史试题采用了文字、漫画、地图、表格、书名、语录等多种形式的呈现方式，地理试题的主观题除了文字信息外还有多幅地图及统计图表；而物理、化学和生命科学都十分重视真实情景下的学生实验能力考查，如物理有试题要求学生提出方案来辨别电源内阻是否可忽略，化学有"吸氧腐蚀的模拟实验""离子的检验"等，生命科学在"光合作用"综合题中，给出了文字、图形、表格等诸多信息，考查学生在真实的实验情景下解决问题的能力。

　　此次等级考各科目试卷有一个共同的特点是突出了学科能力和学科思维品质的考查。如思想政治试卷中的"新零售业态"试题，要求学生利用所学知识进行多维度的思考分析与提炼；历史试题中关于史前史上限不断前移的原因，是对史料分类和价值的考查；地理试卷中关于某区域 1 月等温线分布示意图和某国人口金字塔图等试题，体现了对地图与地理数据的判读与分析能力；物理试卷通过"物理单位""伽耳顿板"等学科特色，充分体现运动、能量、相互作用等物理学科的核心概念；化学试卷中的"离子检验"试题，考查了学生探析溶液中离子的共存和检验等问题；生命科学试卷中的"种子含水量与细胞结构"综合题，需要解释细胞结构的变化对种子发芽的影响等。这些试题设计使得试卷本身的学科特色更加明显,符合等级考的定位要求。

等级考是与高考综合改革配套的高中学业水平考试方案中的内容,它一方面鼓励高中生发展学科所长,另一方面衔接高校专业培养,因此要求学生在达到高中学科学习基本要求的基础上,通过进一步的学科学习提升自身的学业水平,并满足接受高等教育的要求。由于新高考还在完善中,大家对以往的统一高考科目转为高中学业水平考试的认识还需要加强,也还不能精确地区分学业水平合格考与等级考,以及与高考之间的差异所在,所以师生在教与学的把握中也就难免表现各异、差别万千了。因此,一份学科特征明显的试卷设计,既是对学生学科水平与能力的测试,也是对现实教学很好的引导。

原载于 2018 年 5 月 11 日《上海中学生·高招周刊》

日趋成熟的上海等级考试卷命制

普通高中学业水平考试制度是高考综合改革的重要组成部分。从文理分科的全部科目统一考试改革为语文、数学、外语的统一高考科目与思想政治、历史、地理、物理、化学和生命科学的高中学业水平等级性考试科目,且6门等级性考试科目成绩以等级呈现,在参与高招录取时再按赋分计入高考总成绩。这一制度设计立足全面发展的育人目标,打破文理分科教学模式,促进了高中教育资源科学配置,推动了高中教育教学改革。

实施普通高中学业水平考试制度,从课程标准、教学方式、考试评价等方面对上述6门科目提出了全方位的调整要求。仅就6门科目的等级性考试试卷设计所提出的卷面分值100分、考试时间60分钟而言,就比以往统一高考科目试卷的考查容量要少,且有更高的区分度要求。而试卷难度系数的控制,也是为了兼顾高中教学实际水平的参差不齐。

2017年5月,在前一年地理科目实施等级考的基础上,6门科目的等级性考试全部开考。各科目在试卷结构规范的前提下,对试卷命制进行了谨慎的探索,重在测试学生掌握基础知识、基本能力的程度,强调对学科基础知识考查的覆盖面。各科试卷也都落实全面培养要求,强调与现实生活的联系,体现对时事新闻、科技进步、社会发展的关注,让考试发挥积极正向的引导作用。2018年5月,6门科目的等级性考试再次开考。各科试卷在总体结构、试题题量、主客观题分布、与现实结合以及价值导向等方面保持了稳定,依然关注学科基础知识和基本能力的考查,试卷内容覆盖各学科所有的学习主题或模块,并在呈现方式上更加多样。各科在突出学科能力和思维品质考查方面也作了探索,试题设计使得试卷本身的学科特色更加鲜明,符合等级考的定位要求。

　　上周末顺利举行了本年度 6 门科目的等级性考试,从考试评价视角分析,各科目在试卷设计上更为成熟。首先是试卷着眼科学思维,考查学科素养。从第一门的化学到最后一门的生命科学,试卷的学科特性非常鲜明,如生物工程与疾病预防,以氨为基础的含氮物质转化,光电效应理论在力学情景中的迁移和类比分析,基于法国部分地区简图的地理、资源、自然与区域分析,城市化进程中的环境问题,依据"时间利用"调查数据分析居民生活质量,等等,这些试题综合反映各学科的基本原理和思想方法,充分考查学生掌握学科基础知识水平以及运用学科原理进行问题分析与解决的能力,并有极佳的区分效果。第二是试卷联系实际创设情境,体现对现实世界的强烈关注。各科试卷均有相当题材或元素直接反映政治、经济、科技和社会的最新进展,思想政治试卷自不必说,历史综合题中有"家国记忆",地理综合题中有"一带一路",物理中有甲虫运动受力分析和电影特效镜头情景分析等,化学和生命科学科目中也有更多来自生活、生产实际的素材。各科试卷还显现跨学科综合考查特征,如历史结合政治、教育、环境的分析,地理结合自然、经济、资源的分析,物理、化学和生命科学一如既往基于实验制备和实际生产的试题设计,思想政治科目本身即含有哲学、政治学、经济学、法学等学科内容。第三是试卷综合运用文字、图片、地图、表格、时间轴等呈现方式,考查学生信息挖掘与归纳的能力,适应大数据信息化时代。历史、地理、物理和生命科学的试卷中图表占据了相当的篇幅,化学结合试题提供了许多反应式和描述过程的图片,思想政治也以统计图表作为试题的主干。这些对学生的图文理解与信息加工能力提出了较高的要求。

　　5 年来,上海在普通高中学业水平考试领域进行了富有成效的实践,有效支撑着上海高考综合改革试点。未来将进一步聚焦试卷质量,把全面考查要求与学科内容、学科特色有机融合,形成覆盖德智体美劳全面发展要求的考试内容体系,使考试真正发挥积极正向的引导作用。

原载于 2019 年 5 月 10 日《上海中学生·高招周刊》

第三节　考试与评价

浅议考试与评价

高考临近,考生和考生家庭自然是全力以赴,考生所在的学校也是不敢怠慢,积极组织班主任和学科老师开展个性化关怀。社会各界也纷纷行动起来,提供气象预报、交通组织、噪声治理、供电供水、食品安全、医疗卫生等全方位保障。得益于近几年上海城市治理的成效,诸如汽车鸣笛、鞭炮燃放等现象得到有效管控,为考生和考试提供了很好的氛围和环境。

承担考试管理和组织实施的部门、机构如临大敌、严阵以待,文件、通知、传真、电话一刻不停,一遍遍提醒关照,排摸梳理,检查落实。网络媒体也蹭个热点,把政府有关考试安全、招生公平的要求告知天下。考点学校更是不敢大意,对监考培训、考场清理、设备维护以及各种应急预案做好充分准备。

但高考确实复杂,不仅有笔试,还有统一的听力考试、分批次的听说测试机考;不仅有英语考试,还有俄、日、德、法、西等语种的考试;命题、制作、运送、保存、现场监考、内部监控、外围保障等所有环节不能有一点疏漏;还有最最要紧的考生自身的行为规范,包括不走错考场、不迟到、不违规等等。面对这样的高利害性考试,所有人都不敢有丝毫的懈怠,所谓"不怕一万,只怕万一"。

偶尔,我们也会冒出几个疑问:升学一定要考试吗? 教育必须有考试吗? 教育与考试是相互依存还是相互分离的? 不一而足。

我们经常说考试是对教和学的评价,但知识可以通过考试进行检验,教学过程中的能力和思维传递又如何通过考试进行评价呢? 传统上有"教无定法""因材施教"的说法,教育学的理论也没有那么严谨和唯一,但教学质量的检测还是通过考试来评价的。现在考试已经从学校教育扩展到社会生活的各个方面,如各种文明创建活动或学习活动,一定是要找市民、职工、学生来做测试的,通过考试来评价绩效。近日有官媒报道,某地一人民法院在审理离婚案件时也引入了考试,需要当事双方做个纸笔测试,如果达到了一定分数则暂缓审理,真是做到了极致。似乎那些讲台上的教师、主席台上的领导,对自己履职的结果是毫无意识或信心的,必须通过考试才知道绩效如何。所以,尽管我们从小到大都憎恨考试,通过考试来评价也确实没有什么坚实的理论依据和学术基础,但人们却乐此不疲,按经验延续这一做法,以求得所有人的安心、放心,至于事物本身的性质和意义已经不再重要了。

就一般纳入教学过程的考试而言,如单元测验、期中考试、期末考试等,主要体现教师的主观意志,其考试设计的科学性要求并不高。而与升学相联系的考试,则通常由学校之外的机构或部门加以组织,作为教和学主体的教师和学生是不能参与的,以示公允。这类考试(如高考、中考)的受关注程度也反映经济社会发展的阶段,因为考试除了满足选拔的功能之外,还是社会资源分配的重要途径,甚至是唯一途径,所以社会对考试结果唯一性与公平性的呼声很高。待国家发达了,资源丰富了,考试的功能也将会从选拔转向评价,以促进人的可持续发展。

以上海新高考为例,学业水平等级性考试科目"6选3"的制度设计兼顾了学生的全面培养与个性发展,给予学生和社会更多的机会,但为均衡不同科目采用了等第赋分制度,导致对与其关联的公平性的质疑不断,在内地省份都到了难以实施的地步。而同样在发达国家或地区,学生不仅可以在数十门科目中进行科目的选择学习和考试,而且学习过程所获成绩也被包含在基于统一考试的最终成绩评定中,即各科目成绩是由国家或地区统一考试成绩与学校过程考试成绩相结合的评价结果,这从人的成长性和教育教学的规律来看比较科学。但我们知悉后的第一反应都是关于公平性的疑问,是不是有学校给自己学生比较高的分数,而对其他学生不公平? 当了解到还有基于综合成绩分析的成绩矫正方案时,更觉不可思议,这如何面向社会解释公平问题? 确实,我们每天面对的都是诸如"简单就是公平""高考全国一张卷最公平"等观点,好像是由于民智尚未开启、公民科学素养不够,实质是反映了经济社会综合发展的水平。

我们不仅在教育教学中运用考试手段进行评价,在对个人职业能力的评价中也同样如此。由于职业能力既与相关领域的专门知识有关,也与实务操作的经历与经验有关,所以通过考试可以测评申请者掌握专门知识的水平,再辅之以用人单位或专业人员的面试,给出职业能力的综合评价。这类考试面向成人,且以能力测评为主,照理说,其评价结果的专业性远大于统一性,但因为有了考试分数,也就有了公平比较的定量标准,这使得高分不录会演变为社会现象而被关注。还有一类是更加个性化的评价,如人才的评价或科学研究的评价,因为其价值在于创造性,所以靠考试是肯定不行的,也不能用所谓"公平"的投票选举制,而要采用业内专家评议方式确定其专业能力或水平,主政者或主事者再凭自身的视野和价值观作出抉择。只是这样的评价对主政者或主事者的眼光和能力是一个重大考验,所谓"千里马常有,而伯乐不常有",这往往也可以从一国、一地、一个单位或企业的发展状况看出端倪,作出判断。

所以,尽管我们周匝充满了考试,但那只是表象,真正的评价来自对于真理和规律的探究与实践。

原载于 2019 年 5 月 31 日《上海中学生·高招周刊》

挖掘考试的评价功能

近期有关创设高考成绩综合报告制度的讨论颇多,话题源于教育部有关部门领导就落实全国教育大会精神,打破高考成绩"唯分数"单一评价方式所作的阐述,指出高考改革涉及从教学到评价的整个流程,要创设高考成绩综合报告制度,打破原有"唯分数"的单一评价方式,利用大数据等现代信息技术和先进的心理测评技术对考试数据进行充分挖掘,开发反映学生知识、能力、素养、价值内化水平的直观统计图,向学生、高校提供多维的成绩综合分析报告,实现对学生的多维评价。这就明确了要进行考试评价功能的开发,实际上也是对《国务院关于深化考试招生制度改革的实施意见》中提出的"改进评分方式,加强评卷管理,完善成绩报告"要求的具体落实。

考试兼有筛选与评价的功能。在我们的印象中,考试的功能主要是筛选。从1400多年前有科举制度开始,考试的结果就是要把考生从高到低进行排序,然后按序选拔。进入现代社会,人们对于人的发展也有了更为全面的认识,在此背景下的考试选拔也努力呈现人在各领域的知识、能力和特长,以使"人尽其才"成为可能。但对于我们来说,不管是单学科考试还是多学科测评,依然是以合成的总分作为评判依据,所有考生还是单一地依据分数从高到低进行排序。尽管谁都知道这样并不科学,且与时代的发展越发脱节,但似乎只有这样才体现"公平"。

以"两依据一参考"为核心的高考综合改革就是从尊重人的成长规律、尊重学科的发展规律出发,构造更为科学的考试评价体系。其中的学业水平考试制度更是促使高中回归基础教育的本来定位,推动学校的综合培养与学生全面而有个性的成长。尽管高校招生录取的依据仍然是高考成绩的合成总分,但这为将来进一步体现个性成长特点和学科培养特点的深化改革奠定了基础。

任何一场考试或测评,其空间和时间都是有限的。以上周末举行的高中学业水平合格性考试为例,思想政治、历史、地理、物理、化学和生命科学 6 门科目的考试时间都是 60 分钟,且试卷的题型结构也统一为客观题占 80%,主观题占 20%,而实际上学科内容不同,知识点的数量和难度也不尽相同,这势必要求命题专家根据各学科的评价标准确定具体的评价维度和指标,结合学科自身特点与心理学等测量科学进行试卷设计。而考生所参加的各门科目的考试,其卷面所反映的信息除所获分数外,还可按照试卷设计时所确定的评价维度和指标分析考生的知识、能力、素养等信息。

本市自 2016 年起对参加高中学业水平合格性考试和等级性考试的学生开展成绩分析,按照知识内容和能力目标两个评价维度及其分项指标对每位学生的得分情况进行统计描述,并提供思想政治、历史、地理、物理、化学和生命科学 6 门科目的学业水平考试中英文成绩报告。在此基础上,还形成了学校和区域的学业水平考试成绩分析报告。从以往的成效看,无论是学生个体还是学校或区域,只要仔细研读相应报告,都可开展具有针对性的学习改进和教学改进,从而达到提高学习质量和教育教学质量的目的。

多维度评价不仅改变了"唯分数"的单一评价方式,更从不同侧面或视角通过数据分析挖掘出分数背后的信息,使学生能够更好地认识自己,教师的教学也更具针对性,这正是考试评价功能的具体体现,也使得教育教学更加适合每个学生的成长所需,更使得不同性格禀赋、不同兴趣特长、不同素质潜力的学生都能得到符合自己成长所需的教育。

原载于 2019 年 1 月 25 日《上海中学生·高招周刊》

学业水平的测量标准

　　上周末,教育部考试中心与英国文化交流协会在上海共同举办了"第三届语言测试与评价国际研讨会暨第五届英语语言测评新方向研讨会",探讨语言测评在语言教学与学习中起到的关键作用。来自世界各地的专家学者围绕语言能力标准的制定、语言的教与学及测评间的相互作用、新技术在测评中的应用等主题展开深入讨论。

　　会议给予我们的印象是,英语能成为全球使用最广泛的语言,不仅是因为历史上英国、美国的国力强大和文化传播,其作为工具性学科的研究和发展也起到了关键的推动作用。如欧洲语言共同参考框架(CEFR)对语言能力程度的描述成为外语学习的标准体系,还有诸如雅思(IELTS)评分标准等,基于此类标准的教学要求与学习测量有力地促进了英语在全球的推广,打破了学校教育与社会教育的界限,也使得不同年龄、地域、环境的学习者有了共同的参照依据,事实证明其对语言传播的意义深远。

　　我们正进行的高考综合改革也提出了类似的学业水平测量标准的问题。与原有模式不同,新高考的总成绩由学生参加统一高考科目的语文、数学、外语成绩,加上参加高中学业水平考试(从思想政治、历史、地理、物理、化学、生命科学中选择)的 3 个科目等级考成绩构成,因此就提出了这些科目学业水平测量标准的问题。我们以往采用的是选拔性考试方法,即依据考试成绩将所有参加者进行排序,但是水平考试的要求是首先要制定出不同水平的标准,比如以化学为例,要确定一个学生高中毕业时对化学学科应该掌握的水平,或者进一步确定其在申请与化学相关的大学专业时应该达到的水平等。这些标准的制定可以来自相应学科的课程标准,也可以来自国民基本素养的要求等,但其最基本的要求是必须以科学研究为依据并得到严格的论证和充分的细化,以便共同遵循。我们可以进一步结合年龄制定测量标准,确定每个年龄(段)应该掌握的学科知识和水平,这样教学就有了依据,学习也有了目标,同样测试也就有了基础,其对学生成长和教育质量的影响不言而喻。

当然,测量标准的制定是一个从抽象到具体的复杂过程。我们对水平的认识往往停留在概念或直觉上,所谓的"好"与"不好"难以被量化,它必须经历从概念的形成、界定,到测量指标的选择、论证,以及实施效果的评估等多个阶段,其中涉及的理论与方法对参与者的科学素养与人文背景提出了高要求,所以需要有一个相当长时期的工作积累。就目前而言,我们以学业水平考试办法将学生的学科要求限定在高中的学习范围内,这首先是一个重要突破;随后,我们将研究制定高中分学科的学业水平评价标准,使得教与学的过程与测量要求相结合,以促进教学质量的提高和学习目标的达成。

原载于 2017 年 12 月 8 日《上海中学生·高招周刊》

要多角度认识自己

市教育考试院在上期的《上海中学生报·高招周刊》上发布消息，为参加今年 6 月学业水平合格性考试的同学提供中英文成绩评价报告。信息一经公布，引起了热烈的反响，报告查询系统开放当天访问量就达到 9 万人次，远超过高考成绩发布时的访问量。

一场考试通常有三方面的效用。一是检验学习成果，这通常是以参加考试所获的总分体现，比如考试成绩为 95 分或者优秀、合格等；二是诊断学习问题，这要与考试的设计框架相结合进行分析而得。一份严谨的试卷必须是以测量学为基础，参考课程标准或教学标准所指引的学科知识内容和能力培养目标进行设计生成的，因此诊断性结果的呈现必须与试卷设计的初衷相一致；三是归纳学习特点，以寻得所谓发展性的目标。这通常要求试卷包含足够丰富的测试内容，方能通过一定的数学方法加以分析获得。以往我们更多看到的是总分的表示形式，尤其在终结性的考试评价中起到一个筛选的作用。此次，市教育考试院发布的成绩评价报告将各科目卷面的相对成绩按照知识内容和能力目标两个维度加以呈现，基本上是一种诊断性的成绩报告样式，也符合水平考试的特征。通过这样一份报告，同学们可了解考试的目标和要求，可了解自身相对的知识水平和学习能力，以明确进一步努力的方向和路径。

国务院在《关于深化考试招生制度改革的实施意见》中明确提出"改进评分方式，加强评卷管理，完善成绩报告"，所以以何种方式呈现考试成绩也是这次高考改革的内容之一，这既对考试命题的科学性提出了更高的要求，也为考试成绩的辩证使用指明了方向。一直以来，我们日常的学习测试很多，但分析反思欠缺，尤其进入高三阶段，同学们在学业方面的投入更是无以复加，总觉得时间不够，大家反复刷题、刷题反复，曾看到网上有讨论"高考讨如果碰到没见过的题目怎么办？"结论是继续刷题。令人惊讶,题目怎么可能会穷尽呢? 如何从试题的单一对错中走出来,从试卷的单一总分中走出来,是现阶段师生要共同解决的问题。

如同一份新的成绩评价报告所能表达的含义比仅有一个总分时丰富,使得我们从原先只能在一点上认识自己改善为多角度的自我认知,那一个学生的个体如何在一个庞大的群体中认识自己呢? 一题的对错只能是表明该题的对错,但一个学科的认知、多学科的认知,甚而是学业之外的认知可形成多方位的自知,只是我们经常不知道从何种角度观察可得。对即将步入高考生行列的高三同学来说,现在正需要从课业中抬起头来,看看眼前、想象未来,在与周遭的比较中认清自己,只有这样才能保持清醒的头脑,在新高考背景下选择最佳的升学路径。

原载于 2016 年 12 月 23 日《上海中学生·高招周刊》

发现等级考科目成绩的价值

按照既定计划,5 月上旬开考的高中学业水平等级性考试 6 门科目的成绩(等第)本周已经能上网查询了。面对成绩,每位考生的感受一定是不同的,有觉得超常发挥的,也必然会有低于预期的。根据新高考方案,考生所获各科目的等第将被赋分作为高考总分的组成部分;按照五等 11 级的等第划分规则,也可推算出各自科目的水平在不同考试群体中的相应位置。由于"6 选 3"的选科组合众多,当初的选科因素也各异,所以考生之间难以简单地作类比。

高中学业水平考试制度是高考综合改革的重要组成部分。它首先反映高校的需求,隐含了不同大学的办学定位、不同专业的培养目标对高中生的学习科目要求;又由于不同科目成绩等第的可比性和学生自主选择的制度设计,它能比较充分地反映学生的兴趣爱好、学校的教学水平等综合因素。但是,我们大多数人对学业水平等级考的认识还停留在所获等第或者说是相对应的赋分上,当初指导学生进行科目选择时,也是较多地从能否获得比较高的等第角度出发,而较少从大学招生的视角去观察和认识。实际上,在确定等级考科目的同时也基本决定了升学时的竞争态势,其他的差异只是程度不同而已。

对本市正在进行的第二次模拟志愿填报所用招生专业目录进行统计,可以发现高校所提供的模拟用本科招生计划数(除艺体类)近 33000 个,其中至少提出一门科目要求的招生计划数是 13000 多个,而有物理科目或化学科目要求的招生计划数都超过了 11000 个。再进一步分析,在没有提出科目要求的近 20000 个招生计划中,属于高水平大学招生计划的仅占 13%;而在提出物理科目或化学科目要求的 12000 多个招生计划中,属于高水平大学的招生计划占比超过了 36%。

我们以往的高考制度一是过分强调了分数的作用,抑制了高校和高中学生的选择性;二是阻断了高中教育与高等教育的联系,使得高中教育以高考为目标,高等教育以高考为起点,把学生成长的完整性以及教育的系统性加以硬性分割。此次高考改革方案提出了"增强高考与高中学习关联度"的要求,本市学业水平考试制度的设计和实施是充分体现这一要求的,只是长期的习惯使得我们关注的焦点或引起的焦虑往往集中于眼前的分数上,而经常忽略对高校招生需求的认识以及对改革系统性的认识。

既然是高考综合改革的内容,即使是高中阶段的一门等级性考试科目,我们对它的认识除直观可视的等第(或赋分)之外,还要看到其背后大学的影子,以及对大学招生所产生的综合作用。只有这样,我们对高中教育、对高考升学的认识才能趋于完整。

原载于 2017 年 5 月 26 日《上海中学生·高招周刊》

第四节 自主选择性

报考数据反映出学生学习的自主选择性

本周起,2019 年高中学业水平考试报名工作启动,从高一到高三的绝大多数学生将报名参加合格性考试或等级性考试。从去年同期报名数据看,高一学生中,87％的学生参加地理和生命科学两门科目的合格性考试,另有12％的学生只报考其中1门科目的合格性考试。高二学生中,则有近98％的学生报名参加思想政治、历史、物理、化学4门科目的合格性考试;另外有45％的学生报名参加地理和生命科学两门科目的等级性考试,47％的学生报名参加其中1门科目的等级性考试。高三则是分别有7％、55％、29％的学生参加3门、2门、1门科目的等级性考试,以满足高考升学的需要。

作为高中毕业要求的学业水平合格性考试是每个学生必须参加的,为兼顾各个高中学校的教学计划实施,每年都开考全部科目。实际上,各高中学校的教学安排也确实不尽相同,部分高中学校会综合设计三年培养计划,如把生命科学科目或地理科目安排在高二开展教学,这就有效支撑了刚经历中考的学生更好地适应高中的学习。同样,学生对等级性考试科目的选择更是各不相同,有高二考完地理和生命科学两门科目的,有择其一考试的,也有不考的。总之,在高二和高三阶段,学生在对学校教学安排、自身学习情况以及高校招生专业进行综合评估的基础上,再安排各自的学习及考试,是一种有计划、有目的的理性选择行为。

从 2014 年实施高考综合改革试点以来,本市高中学校普遍实施了以选课走班为核心的教学组织模式,以适应并满足学生对科目学习的个性化需求。分析去年报考人数在 50 人以上的高中学校,有近 10％高中学校的学生等级考科目组合达到 20 个,而多于 15 个科目组合的高中学校超过 54％,学校提供较为充分的学科组合,使得学生无论是基于对学科的兴趣,还是基于对学校师资的信心或者对未来的预期,都能够作出合理的学习规划和设计。这从前期有关机构对高考综合改革试点的上海、浙江的高中毕业生的调查中也得到印证,学生对高中阶段学习的满意度比以往有明显提升。当然不仅仅是教学组织方式的变化,高中综合素质评价的实施也使得培养的内容更加丰富,满足学生的成长所需。

报考数据不仅反映学生学习的多元与自主,也是对高中学校办学方向与教师职业空间的拓展。学校的传统培养优势与教师的教学特色得到发扬光大,使得学生有更多的学习获得感。分析去年各高中学校 6 门科目学业水平等级考的成绩,发现各学校获得 A^+ 或 A 等第学生的比例在各科目上的表现各异,一些所谓名校并没有如想象中那样在所有科目的考试成绩上都占有优势,而是在不同科目中都有不少新的竞争者产生,这是我们乐意看到的。

当然,保护学生对学科学习和考试选择的自主性,也要基于较为充分的教育与引导基础,以及规则制度的建立。比如,要求高中学校开展国家需求与学生个性特点相结合的生涯规划教育,要求高校各招生专业提出对高中学习科目的具体要求等,更有教育行政部门提出的高中各科目的课程标准和明确的学习要求,以及利用等级考科目等第赋分制所制定的对特定选考科目的托底保障机制。这些措施无疑平衡了社会发展需求与个人兴趣爱好,是更高层面的科学与公平的制度设计。

原载于 2019 年 3 月 22 日《上海中学生·高招周刊》

实践才是认识改革价值的正确途径

今年的高考集中录取工作如预期中圆满，本市 4 万多考生收到了高校的录取通知书，他们将在 9 月开启新的学习生活，前景一片光明。

三年的实践表明，高考综合改革在上海的试点实施是成功的。2013 年 11 月中共中央作出关于全面深化改革若干重大问题的决定，2014 年 9 月发布《国务院关于深化考试招生制度改革的实施意见》，明确上海作为首批试点省市启动改革。本市教育系统认清形势、明确目标，自始至终按照国家的顶层设计开展改革试点实践。高中教育围绕《上海市普通高中学生综合素质评价实施办法》开展社会实践、研究性学习，根据《上海市普通高中学业水平考试实施办法》组织选科走班教学、学业水平考试；考试机构依据高校人才选拔要求和课程标准，科学设计命题内容，实现语文加强中华优秀传统文化、数学文理合卷、外语一年两考以及学业水平等级性考试的组织实施；在沪招生高校按照"两依据一参考"的制度设计，制定面向上海考生的招生章程，平稳实现两种招生模式的转换，尤其是部分高校试点的综合评价录取、春考招生改革都是促进学生健康发展，科学选拔人才和维护社会公平的完美体现。

在改革推动下，高中学生学习的自主选择性大为增强，选科、选课、选实践项目、选研究性课题、选考试时间、选招生项目等，给学校教育带来了新气象，也对学校和社会的教育资源提出了更高要求。相信本市高中学校这 5 年所经历的由"乱"到"治"的过程，一定是有效提升了教、学双方对教育、对学生全面发展的深刻认识，也为后续进入改革的本市初中教育和外省市高中教育提供了宝贵的实践案例。

当然，在推进改革过程中，时不时会有热点产生，如选科人数就是一例。因为由学生按照自己所长或兴趣、高中特色以及对未来学习或职业的认知等因素决定选考科目，必然会造成有些科目选科人数下降、有些科目选科人数上升的情形，然后也一定逐渐趋于平衡。但是两年前物理选科人数下降的话题却一下子点燃了大家的"热情",甚至上纲上线,关乎国家未来能否"上九天揽月,下五洋捉鳖"。

以本市为例,新高考以来的招生计划、考生人数以及考试成绩均保持稳定,对三年本科录取数据的初步分析表明,6个科目的选科人数及20个科目组合的考生群体为高校的专业或专业组招生提供了足够的选择余地。如果以所关注的具有物理选考科目成绩的考生为对象,这一群体被高水平大学录取的占比2017年超过31%,2018年超过34%,2019年超过40%;如果考生同时具有物理和化学的选考科目成绩,则被高水平大学录取的占比2017年超过40%,2018年超过44%,2019年超过53%,优势更为明显。虽然现行的总分录取制度掩盖了考生的选科特点,但选考科目的意义并非仅由考试成绩所体现,其含义十分丰富。随着时间推移,学生对选考科目的选择会更加理性,科目之间也会更加均衡,我们要做的仅是给予正确引导和高质量培养。

物理选科人数的话题仅是一例,反映出长期的、传统模式下的惯性抑制了我们对改革及其新事物的认知,只有通过不断地实践,人们才能提高思想认识和认知水平,才能理解国家顶层设计的初心所在。

原载于2019年8月15日《上海中学生·高招周刊》

第三章

新高考志愿填报

第一节　填报方式的变化

院校专业组设计的核心要义

2017年上海高考集中录取阶段最被关注的志愿填报和投档录取实施办法已经公布，这是今年上海高考综合改革的技术操作方案。作为连接高中培养与大学招生的关键环节，志愿填报办法既要完整贯彻高考综合改革的大政方针，确保正确的价值导向，也要制度性地固化高中教育教学改革的成果，还要有利于高校的人才选拔。

这届高中毕业生经历了学业水平合格性考试、选科走班教学、确定3门等级考科目、完成规定学时的社会实践，还有部分同学开展了研究性学习和创新实践活动等。这些由高考改革所推动的高中教育教学改革，为同学们的知识结构完善、兴趣特长发展、综合素质提高提供了一定的制度保证，学生的类别也不像过去仅由文理两科就能涵盖，所以志愿填报方案的设计一定要坚定不移地支持高中的教育教学改革。高考招生作为高校选才的主要方式和通道，既要保障高校招生自主权，也要满足不同专业或学科的个性化选才要求。这次志愿填报方案的核心就是提出了院校专业组的设计，它抓住了高校提出的对专业报考所设定的科目要求，也关注了学生类别划分的科目组特性，把科目作为招生专业分类的基本依据。同时，院校专业组不是严格的学科或学科大类的划分，这也为高校设计有自身特点的本科人才培养项目（如实验班模式、通识教育、大类培养等）留有充分的空间。所以，高校可以通过设置院校专业组的科目要求连接特定目标的高中学生，并打通学生未来的学术发展；高中学生也可以通过自身的等级考科目组合对接高校的院校专业组以及其所包含的专业。

　　另一方面,院校专业组的设计使考生可以自由地表达对特定专业或学科的兴趣爱好。这次高考综合改革把高中教育与高校招生进行了关联,学生通过在高中阶段选择3门等级考科目及社会实践、研究性学习等,提前思考未来的学术发展或职业发展,不仅要考虑发展目标,还要考虑实现路径,这就为一批有清晰生涯规划的同学实现理想目标创造了条件。当然,通过志愿表上所设置的24个院校专业组平行志愿,也能非常容易地在志愿填报中实现优先选择学校的要求。因此,理解和熟悉院校专业组在志愿填报中的重要作用,再审视各个招生院校的院校专业组设置,将有助于考生了解专业、了解大学,特别是有助于理解高考改革给我们所提供的更多选择。

　　院校专业组是此次上海高考综合改革志愿填报方案中非常有特点的一个设计,既丰富了志愿填报模式,也为全国将实施高考综合改革的省市提供了一个可参照的案例。

　　　　　　　　　　原载于 2017 年 3 月 18 日《上海中学生·高招周刊》

院校专业组设计促进了招生院校和考生的双向选择

　　上海新高考方案始终围绕着下面这些关键词展开："不分文理科""外语一年两考""3＋3""高考总分660分""高中学业水平考试""高中生综合素质评价""招生专业的科目报考要求""两依据一参考"……在最体现改革成果的集中招录环节，上海以院校专业组作为实现上述各项改革要求的核心载体，并在此基础上建立起高校招生计划、考生志愿填报、招办投档录取等完整的工作方案和信息支撑系统。

　　从普通本科批次的招生专业目录可以看出，以院校专业组替代以往的文理分科，有效促进了高校对招生专业的优化。今年招生的院校专业组数量只是略多于去年分文理科的招生院校数量，按不重复统计的招生专业数量也相差不多，但是由于高校掌握了招生专业组设置的主动权，不少高校都设置了两个及以上的院校专业组，以突出自身的办学特点或培养特色。如武汉大学、兰州大学、华南理工大学、西南交通大学等将招生专业分置成5个或6个专业组进行招生，还有如重庆邮电大学、西安电子科技大学、浙江工业大学等高校的每个院校专业组仅含1个专业，实际是一种按专业招生的模式，受到考生欢迎；尤其是像华东政法大学的卓越法律人才实验班、天津大学的建筑学等院校专业组按照人才培养模式进行了专门设计，受到了考生的高度关注，也为更多高校优化招生模式提供了范例。

　　高校对招生专业按院校专业组的重新组织，也有效引导了考生的志愿填报，提高了考生的选择性。普通本科批次的录取结果表明，今年考生填报的专业志愿被调剂比率仍然保持在7％左右的低位，且专业的第一志愿录取率超过58％，比去年提升了近8％，这在专业志愿填报数量从原先6个改为4个的情况下超出了很多人的预料，不得不说是特点鲜明的院校专业组起到了有效分流的作用。另一方面，新高考方案的高考总分由统一高考的3门科目成绩加上考生自选3门科目的等级考成绩合成,而等级考科目成绩通过等第赋分转换,很多考生担心会造成更多的同分现象。但数据分析表明,投档到院校专业组的末位考生同分现象并没有因此较往年有显著变化,且此现象主要还是发生在招生人数集中的本市院校,应该说院校专业组的设计使得考生的志愿填报呈现了多元格局。

今年本科录取已结束,各项指标均表明本市新高考背景下的招录方案达到了预期目标,再加上今年考后出分志愿填报的特点,使得两次征求志愿填报的效果明显优于往年,更多考生因而得以进入高校接受本科教育。

原载于 2017 年 8 月 1 日《上海中学生·高招周刊》

认清考后志愿填报的关键要素

上周公布的上海市 2017 年高考志愿填报和投档录取实施办法对志愿填报时间作出了重大调整，把实施多年的高考志愿考前填报改为了考后出分填报。

之所以做这样的调整，主要是因为新的高考方案实施使得以往志愿填报的条件发生了变化。原来作为高校招生依据的高考总分来自 6 月的统一高考，当 5 月下旬进行志愿填报时，考生所参照的主要信息只能是高校公布的招生信息、自己在高中阶段的学习状况，以及区县所组织的模拟测试成绩。按照今年实施的新高考方案，除已有的那些信息外，5 月下旬考生已经能够知道自己所参加的 3 门等级考科目的成绩，以及 1 月份的高考外语第一次考试成绩。假如仍然安排这样一个时间节点进行志愿填报，对没有参加过高考外语第一次考试的同学来说，就缺失了非常重要的一门科目成绩，也就是说全体报考同学的信息是不完全对称的，这从志愿填报方案的设计方面来说显然不妥。

从这次实施办法公布后的反馈看，考生和家长对这次志愿填报时间的调整普遍是接受的。这样的调整使得考生可以安心备考，有助于创设良好的复习迎考环境。多年前，上海高考志愿填报时间都安排在 5 月上旬，依据各区在 4 月份举行的模拟测试成绩，同学们可以利用"五一"假期研究高校的招生专业和计划，并完成志愿填报，然后高中学校还可安排 3 周左右的集中复习。随着高校招生计划确定时间的不断延后，志愿填报时间也一再被推迟，最近几年都是在 5 月下旬安排高考志愿填报，这与 6 月上旬的统一高考时间相距过近，安排上也较仓促。

考后出分填报可以为同学们提供较为完整的信息，除招生院校往年的录取分数及当年的招生专业和计划外，还有考生自己各科的高考分数，特别是公布的全体考生高考总分分布，让每位同学了解自己的成绩在所有考生中的相对位置，即位序，这就显著增加了高考志愿确定时的参考依据。相信这也是考后出分填报志愿模式比较受欢迎的重要原因。

　　然而要获得令人满意的高考志愿填报结果并不完全依赖于考前填报抑或考后填报，也就是说高考志愿填报的问题核心并不是选择考前填报模式还是选择考后填报模式。因为志愿填报的本质是考生自身与其他符合条件的报考者之间的一个竞争，在不知道别人作何选择的情况下，任何方式的填报都具有一定的博弈或随机成分，当然绝对高分者会有足够的优势。如果说，过去的高考志愿填报原则是考生对自身学业状况的判断、对心仪高校社会评价的认同，以及对高校专业和自己兴趣爱好的了解，那么现在考后出分填报志愿同样适用上述三原则，只是通过公布的高考总分分布可以更为准确地判断自身的学业状况，其他的条件和因素都没有变化。因此，以自身情况为主，充分地了解高校、了解专业是填报志愿的关键要素。

原载于 2017 年 3 月 24 日《上海中学生·高招周刊》

模拟操作是理解政策、熟悉系统的好办法

《上海市 2017 年普通高等学校招生志愿填报与投档录取实施办法》于 3 月 17 日公布，随即开展了模拟志愿填报和模拟投档录取的工作，以帮助考生理解政策、熟悉全新开发的志愿填报和投档录取信息系统。全市有近 93％的高考报名考生参加了此次模拟填报，近 90％的在沪招生高校参与了后期的模拟投档录取工作。

模拟结果表明，考生能准确理解以院校专业组为核心的志愿填报模式，兼顾自身选科组合与高校提出的科目要求来了解招生专业，适应此次考后出分填报志愿的方式。考生所填报的 24 个院校专业组志愿很好地遵循了"冲一冲、稳一稳、保一保"的平行志愿填报原则。同样，招生高校也顺利完成了以院校专业组为志愿单位的投档录取工作，并对同一所高校多个录取分数线的状况有了直观的了解，为改善院校专业组设置提供了依据和可能。

模拟结果也表明，全新开发的志愿填报和投档录取信息系统完全能够支撑新高考方案的实施，同步开发的辅助志愿填报系统可以给考生带来很大的方便。这给予了我们很大的信心，当然相关系统在进一步提供良好的用户体验方面还需努力。

尽管第一次模拟中所包含的信息尚不完整，比如招生院校及院校专业组信息不完全，很多考生的"3＋3"科目分数是人为赋予的，或许还存在着考生在填报过程中的态度是否认真等问题，从而可能导致模拟所反映的数据与实际结果之间有较大偏差，但我们还是能从中发现某些现象。比如，有相当数量的考生未填报外省市院校专业组志愿或仅填了一个外省市院校专业组志愿。这种现象在上海考生的志愿填报中一直存在，已经成为考生没能被投档录取的一个重要原因，而此次模拟中愈加凸显，值得引起重视。又如，在关于是否愿意接受专业调剂的选项上，不少考生因为选择了"不服从专业调剂"的选项，增加了被退档的

风险。相信考生在正式填报时一定会非常慎重,尤其在今年实行考后出分填报志愿政策后,将更容易避免这一问题的发生。

今年公布的高考方案是全新的,信息系统也是全新的,从概念界定、方案表述到系统流程及操作都发生了很大的变化。前期,我们在方案的解读方面花了很大的力气,做了很多工作,但要让大家在有限的时间里充分地消化、理解,难度很大。通过这次模拟,高校、考生及家长围绕系统流程,在充分了解方案设计思想的基础上,以操作实践进一步增强对政策的理解,并检测了信息系统和管理流程,达到了预期的效果。这也给了我们启示:凡事不仅顶层设计要正确,方法流程也必须科学,只有这样才能达成预期目标。

原载于 2017 年 4 月 28 日《上海中学生·高招周刊》

第二节 2017 年志愿填报与录取

高考志愿填报即为预测

目前正是 2017 年高考志愿填报的阶段,面对厚厚一本高校招生专业目录和全市高考分数分布表,以及历年高校招生专业录取人数、录取分数等资料,考生和家长一定是绞尽脑汁,希望填出一份满意的志愿表。

通常,考生填报高考志愿的方式是根据自己的高考分数和兴趣,搜索合适的大学及专业。这里唯一确定的是高考分数,至于兴趣或许只是大概,但高中学业水平等级考科目的学习经历有助于考生形成对专业或学科的认同,而最难锁定的便是大学了,不仅要满足对大学声誉、所处地域、毕业去向等各种条件的选择要求,关键还要判断出大学的录取分数与自己的高考总分是否匹配。好在如今高考录取的投档方式多为平行志愿模式,尽管做不到对具体学校录取分数的精准预测,但基本能预估一批大学的录取分数范围或位序范围,而志愿表的设计也足以满足填报的需求,所以志愿填报其实也不是太难。但如果仅仅以被大学录取作为志愿填报的目标是很不够的,因为就大多数考生而言,选择什么样的高等教育基本决定了未来的职业生涯。

假如我们退回到 30 年前,相信大家都能看到如下的事实:如果你报考的是类似建筑设计、城市规划的专业,那么这么多年来,你一定是融入了翻天覆地的建设大潮中,只要你足够努力,相信个人的事业发展也会十分成功;如果你接受的是计算机、电子工程等专业的教育,那你就始终走在新兴科技发展的前沿，无论在中国还是世界，都能找到你发挥专长的舞台；如果你学习的是经济、金融、管理等专业，那你就不仅参与了中国的市场化进程，个人事业发展的领域也变得极为宽广；如果你选择了当年热门的化工工程、纺织机械等专业，那你就可能经历了多年的产业转型、企业转产，还会经常忧虑自己的职业和岗位等。

当然，我们身边也不乏这样的事例，学物理的驰骋华尔街，学哲学的成为商界领袖，甚至大学生辍学成为发明家，等等，但显然这更多是依赖于他们个人的天赋或运气，不是我们一般人的努力所能达成的。如此看来，个人的选择只有与国家的经济社会发展方向相一致才更容易成功，高考志愿填报也是对未来经济社会发展的预测。

参加高考的学生都是十七八岁的青年，正是对未来充满憧憬和想象的年龄。他们可能立志从事基础数学研究，去摘取科学皇冠上的明珠；他们可能立志遗传学研究，去实现生物的 21 世纪；他们也有可能从事法学研究，为社会建立公正的秩序，等等。我们成年人有责任保护他们的志向，鼓励他们的成长，而不能因为我们过去的经验或他们现在的分数去限制年轻的思想和激情。只要年轻，一切皆有可能，这也是国家和民族生生不息的进步发展的动力所在。

今年的考生都面对着同样的高考作文题，在考场里洋洋洒洒写出了对预测的思考，现在要进一步把纸上谈兵化为对未来人生的预测，并以高考志愿表的形式加以呈现，那是真正的挑战，相信每个考生都会取得成功！

原载于 2017 年 6 月 30 日《上海中学生·高招周刊》

平静的志愿填报

7月3日下午2点,网上志愿填报信息系统实时统计所显示的依然是两个小时前的汇总数字,上海的考后出分本科志愿填报在平静中结束。

高考志愿填报既要确保以高考总分为要素的考生利益,也要保障高校的主体地位,所以是保证招生录取改革成功的基础。今年本市的高考志愿填报发生了根本的变化:以院校专业组设计替代以往文理两科的志愿填报和投档录取模式,重新开发了网上志愿填报信息系统以支持新方案,将志愿填报时间调整到高考分数公布后。面对新的方案、新的系统和新的填报时间,如何确保在非常有限的时间里顺利完成全部考生的志愿填报,确实是高难度的挑战。得益于这半年来广泛而有效的宣传,也得益于全市统一组织的全流程模拟,在所有高中学校和考生、家长的支持配合下,本次志愿填报顺利完成。

考后出分填报志愿,也称"知分知线知位"填报,是对信息公开提出的高要求。考生除知晓高考总分外,还需要了解其总分在全体考生中的相对位置,同时必须知道每个批次招生的院校及其专业和计划的信息。根据高考总分科目构成(三门统一高考科目成绩和三门等级考科目成绩)的特点,本市不仅公布了考生高考总分的成绩分布表,还分别公布了含有各等级考科目的高考总分分布表。考生获取了这些信息,就明确了自己高考总分所处的位置和在相应科目中的位序,形成了以高考总分为基准的前后左右上下的比较信息。另外,往年的高考录取信息对志愿填报也有很大的影响,本市也向考生提供了以往3年的高考分数分布和高校录取的信息,尽管分文理科的信息不能直接加以使用,但翔实的资料还是对考生的志愿填报起到了很好的参考作用。

考后出分填报志愿也对高校招生信息的公开提出了高要求。今年本市9所高校继续实施综合评价录取改革试点,规模也有所扩大,特别要指出,与往年不同的是,综合评价录取结果对普通本科批次的志愿填报是有影响的。为此,相关高校都及时向社会公示了录取信息,也支持了后续的志愿填报。

上海以往一直实行考前志愿填报模式,此次结合考试科目改革,顺势调整为考后出分志愿填报,尽管不可避免地强化了高考分数的作用,也与志愿的本意有距离,但从平静的志愿填报可以看出这一改变是成功的。招生录取制度的改革目的就是如何达成公平性与科学性的一致,就目前的经济社会发展阶段和社会认知现状而言,公平性更多地取决于能否简洁明了地表述。凡以此为指向的方案设计通常是更容易被接受的,这也是全国所有省份都选择考后出分填报志愿的原因。上海今年的志愿填报变化已提供了这样的一个脚注。

原载于 2017 年 7 月 7 日《上海中学生·高招周刊》

从投档分数线看考生选择高校的特点

随着 19 日放榜，在沪招生高校各院校专业组的投档分数线一目了然，我们从中可以看出若干特点。

首先是考生对高水平大学的追捧。上海的高校当然是占尽天时地利，除复旦大学、上海交通大学依然领先外，上海大学也能比肩四川大学、吉林大学等名校；外省市的高水平大学也受到关注，在纳入统计的高水平大学 240 多个院校专业组中，有近 200 个院校专业组的投档分数线超过了 500 分，即使远在大西北的石河子大学、青海大学也都生源充足、一次投满，以往诸多偏远地区的高水平大学只能通过征求志愿或降分征求志愿完成招生计划的情形已经不复存在，可以说相当多的考生和家长是十分理性和智慧的。

其次是考生对高水平大学的选择是选学校重于选专业。这反映在高校各专业组的投档线分差都非常有限，比如浙江大学 3 个院校专业组的投档线分差只有 1 分，武汉大学 6 个院校专业组的投档线分差只有 5 分，西安交通大学两个院校专业组的投档线同分，天津大学除含有建筑学的专业组外，其余 3 个院校专业组投档线也是同分。实际上这些大学的各院校专业组所含专业并不均衡，如武汉大学的第 4 专业组为临床八年制专业，而第 5 专业组为预防医学类专业，按照一般理解，两者在考生心目中的差距是相当大的，但从投档线看两者分数却很接近；像河海大学的 3 个院校专业组，分别是关于管理、水利和机械的，差异十分明显，且办学地点也不同，但是在投档线分数上却相差无几。

再者是考生选择高校的地域特点十分清晰。除了耳熟能详的大部分原"985"高校外，考生对地处西北、东北的高水平大学显然不够重视，对于农、林、电力、石油等传统特色高校关注度也不高，这些院校的专业组在 40 余个低于 500 分投档分数线的院校专业组中占了超过三分之二。本次投档生源不足的院校专业组有 160 多个，更是反映了高校所处地域对考生的吸引力,如果以上海为中心向外辐射,从周边省份直到东北、西北、西南地区,相应高校的受关注程度随距离增加而递减。不过今年的不分文理、院校专业组设计等已经显著提高了考生和高校双方的选择性,使得生源不足的院校和缺额的计划数都比往年大为减少。

在经济社会发展的背景下,高等教育的作用更多体现在学生的自我完善与成长中,以及学术或职业的准备中,因此应该把接受高等教育视作成长所必须经历的阶段,应该更多地关注视野拓展、知识完备、能力培养和人格完善等。由此我们的学校选择导向要聚焦有助于学生成长的因素,比如多元文化、地理环境、人际交往等以往学生青少年时代所缺乏的教育内容,只有这样才能促使学生全面而有个性地成长,真正体现高等教育的培养功能。

原载于 2017 年 7 月 23 日《上海中学生·高招周刊》

第三节　2018年志愿填报与录取

高考志愿填报的三个变化

近期,市教育考试院赴各区向高三年级教师集中开展了2018年高考志愿填报的政策宣讲,结合去年高考招生录取的工作实践,从多角度解读今年的高考招生志愿填报与投档录取办法。随后,各高中学校也陆续召开家长会,网上的高考志愿辅助填报系统也开始上线运行,高考志愿填报逐渐走入今年高三同学的生活。

以"两依据一参考"为标志的新高考方案,在三个方面改变了以往的高考志愿填报办法。

变化之一是强化了高中学业水平等级性考试科目与高校招生专业的关系。高中学业水平考试是新高考方案的重要组成部分,不仅要求学生全面完成高中13门课程的学习,还特别提出在思想政治、历史、地理、物理、化学和生命科学6门科目中自主选择3门开展进一步学习,并参加所选科目的等级性考试,所获成绩计入高考总分。等级性考试科目的设定不仅引导了学生的学科学习兴趣与特长,更是连接了高校招生专业对相关科目的要求,并且这种连接通过以院校专业组为核心的志愿填报与投档录取办法得以固化,也就是说学生在确定等级考科目的同时就决定了高校专业的报考范围。

变化之二是提高了综合素质评价信息在高校招生与专业报考中的作用。新高考方案制度化地推进了高中学生的综合素质培养,尤其是丰富多彩的社会实践项目、研究型学习课题能充分展现学生的个性,反映学生的社会责任感、创新意识和实践能力。据统计,绝大部分的高三学生完成或超额完成了规定的志愿服务时间,超过一半的高三学生具备一项或多项研究性学习课题经历,结合学生的学业水平等级性考试科目,这些信息勾勒出学生的专业爱好与职业倾向,成为上海高校招生综合评价面试录取的主要依据,也是高校进一步发展学生特长、培养创新人才的重要基础。

变化之三是"知分、知线、知位"的考后志愿填报显著提高了学生报考志愿的准确性。新高考方案将上海实施多年的考前志愿填报模式调整到了高考出分后,考生在志愿填报时不仅知晓自己的高考总分,还知晓自己在考生群体中的位序,配合高校发布的院校专业组招生计划和往年的投档录取分数可以较为准确地进行志愿填报,有效降低了考生填报过程中的博弈成分,也减缓了报考过程中的焦虑情绪。

从去年的实践看,尽管是第一次取消文理分科招生且缺乏院校专业组的往年录取参照,但无论是本市高校还是外地高校,录取结果甚少出人预料,这反映出考生对院校和专业认知的共识,也表明了他们对报考规则的理解与熟悉。

今年的高招录取延续了去年的政策和办法,但所有的高三同学都是第一次经历,他们家长的经验也已不敷使用,面对招生录取重要环节的志愿填报,有必要给予重视。同学们可以在复习之余,借助网上的高考志愿辅助填报系统和去年的高校招录信息了解志愿填报的范围,梳理高中三年的学习与实践,提炼自身不同于别人的特点,以充分的准备应对即将到来的高考志愿填报。

原载于 2018 年 4 月 20 日《上海中学生·高招周刊》

稳定环境下的高考志愿填报

随着秋季高考分数公布，考生开始了志愿填报的进程。今年的考生相比去年自嘲为"小白鼠"的学长学姐，无论在高中选科、走班学习、复习迎考，还是在志愿填报、综评录取等方面，都有着更多可借鉴的经验，但面对一本数百页的招生专业目录，以及众多类别的院校专业组、招生批次和分数线等，难免一时束手无策，不知如何是好。

今年是本市全面实施高考综合改革试点的第二年，与去年等级性考试办法、数学试卷不分文理、外语一年两考并新增听说测试、新的院校专业组志愿填报方法等各项政策连续推出不同，今年上海高考的特点就是一个"稳"字，这可以从三方面去理解。

一是基本政策没有变化。已经过去的合格考、等级考方式，外语的一年两考时间，高二可以参加等级考等安排都没有变化。即将到来的志愿填报方式、院校专业组设置及投档录取模式、高水平大学综合评价录取及"两依据一参考"录取模式也都与去年一致。二是作为高考总分来源的统一高考和学业水平等级考极其稳定。今年语文、数学、外语科目的高考命题与6门科目的等级考命题，重在巩固去年改革成果，坚持对基础知识与基本技能的全面考查，着重考查学生独立思考和运用所学知识分析问题、解决问题的能力，命题结合教学实际，联系社会发展，注重学科思维，关注核心素养，倡导学科育人。对考试成绩的分析也表明，试卷在考查结构、能力目标、考试内容的设定上都保持了延续性和稳定性，各科目考试成绩与预期完全一致，成绩分布十分理想。三是参加高考的人数与招生计划数也相当稳定。无论是考生人数还是本科院校招生计划数，今年与去年同口径相比较，变化率都没有超过1%，即最终的高招录取率也是可预期的。

当然，招生政策、考试分数、生源人数和招生计划数等各项指标相一致只是提供了总体稳定的环境，并不能保证以同样的分数填报同样的院校专业组能得到同样的录取结果,因为具体到每所高校、每位考生以及两者之间的选择与被选择关系,其变化与差异都是需要被关注的。以院校专业组这个志愿填报的核心要素为例,此次有不少高校相比去年,细化了院校专业组设置,这可以更好地满足考生志愿填报时对专业组合细分的要求,但也不尽然。如果某所高校去年只设置了一个院校专业组,涵盖所有招生专业,对一个钟情于这所高校的考生来说,志愿填报就很简单,但现在分成若干院校专业组,考生就不仅要关心各个专业组对选考科目的要求,还要给各个专业组安排合适的填报顺序。同样,高水平大学的综合评价录取是本市考生进入这些院校的重要通道,考生除具备高考分数、志愿填报这些必要条件外,还得接受申请院校组织的以面试为主的综合评价。每个考生的兴趣爱好与学业、参加的社会实践与研究性学习项目等自身条件与申请院校的要求更是千差万别,必须加以审慎分析,找到最合适的结合点。实际上这也应该是填报任何一个院校专业组志愿所应有的态度。

总之,上海在高招改革领域的精耕细作,为考生的志愿填报寻找到最为稳定的环境,这有助于考生把关注点聚焦在院校、专业及对未来发展的规划上,以获得最理想或最合适的录取结果。

原载于 2018 年 6 月 24 日《上海中学生·高招周刊》

如何填报高考志愿

大学招生采用的是申请与选拔相结合的机制。我们的选拔方式主要是依据统一考试的成绩,现在也有了不同选考科目的分类;而考生填报高考志愿表就是表达对就读院校和专业的申请意愿,因此院校与专业是两个关键要素,不可或缺,考生及家长纠结的往往也是院校优先还是专业优先的问题。

我国2000多所高校当然是千差万别,但是从以下几个特征观察还是能够很好地加以区别。不管是新入选的"双一流"高水平大学,还是原"985""211"等名校,都是冠有国家或地方政府重点建设标识的高校,它们往往会获得更多的办学资源,反映在学生培养质量上也是可圈可点,这样的学校通常是首选;高校不但承担现代社会价值的引领责任,更是过去传统文化的继承者,尤其对本科培养来说,学校的历史越长,学生浸润的文化就越深厚,所以学校的历史也是学校质量的重要标志;现代高校的规模越发庞大,这是缘于现代科学多是跨领域发展,学生的成长也需要综合培养,但国内外也不乏小规模院校的成功例子,它们在专业学科的发展上始终保持领先地位,因此客观看待高校的学科特点是非常重要的;还有一个特点也备受关注,那就是院校所处的地域特征,由于我国区域发展不平衡,处于中心城市、发达地区的高校能有更多的发展机会,这也为学生的成长奠定了更好的基础,但是具体分析会发现地域与学科专业的关联性更强些。

上海采用考后出分填报的模式。高校将招生专业分类设置成多个院校专业组,考生的志愿填报与投档录取都以院校专业组为基本单位,每位考生最多可填报24个院校专业组志愿、每个院校专业组最多可以填报4个专业志愿。在平行志愿投档过程中,按照考生的高考总分次序,依次搜索考生所填报的24个院校专业组志愿,只要某个院校专业组已有的投档数尚未达到招生计划数,则该考生就投档成功,然后由招生院校进行审核并完成专业录取；如果所填报的 24 个志愿都未能投档成功，则只能进入征求志愿阶段。

去年普通本科批次的投档情况表明，超过 25% 的考生在所填报的前 5 个志愿中投档成功，超过 50% 的考生在第六到第十三志愿投档成功，再往后的志愿满足率较低，符合平行志愿填报"冲一冲、稳一稳、保一保"的特征。当然也有超过 3% 的考生所填报的志愿投档不成功，原因就是其所填报院校的投档分数线均超过其高考总分。因此，考生投档的优先权是由其高考总分所决定的，24 个志愿完全可以按照自己的意愿进行排列，但是要投档成功则必须填报预期投档分数明显低于其高考总分的院校专业组。

仅就技术层面而言，志愿填报的作用就是依据自己的高考总分实现最为理想的升学目标。上述对院校的分析仅能反映学校本身的特征，而志愿填报还必须反映考生自身对未来的期许，通常是指学科、专业以及职业发展的领域。

一个即将踏上新征途的青年学生必然有对未来无限的想象，数学、哲学、人文、经济、社会、政治，以及工业、农业、军事等，无不是他们将来发展与改造世界的领域，所以志愿填报应该充分满足他们的意愿，反映他们的意愿，这才是志愿。

原载于 2018 年 7 月 1 日《上海中学生·高招周刊》

投档录取各得其所

随着本市高招录取本科普通批次院校投档分数线的公布,绝大部分在该批次填报志愿的考生已各就各位,进入各自填报的院校专业组参与高校的录取。尽管 7 月初的志愿填报结束,一切已成定局,但是经历了在 500 多所高校、1000 余个院校专业组中寻寻觅觅、斟酌再三的志愿填报过程,最终的归宿一定是每位考生十分期待的。

今年是本市高考综合改革试点全面实施的第二年,继续实行以院校专业组为单位的志愿填报与投档录取方案,考生能够在稳定的环境下结合自己的高考总分、选考科目以及去年的录取信息,相当准确地进行志愿填报,使得志愿的投档成功率明显高于去年。

新时代的高等教育极大满足了人们升学的愿望,上海的学生也大多有接受本科教育的机会,考生面临的问题不是能不能入学,而是怎么找到适合自己的学校和专业。上海新高考的制度设计就契合了这样的发展趋势,让学生在体验与成长的同时寻找到未来学业、专业、职业甚至人生的目标。他们在高中时确定选考科目就是了解自己学业的过程,开展研究性学习就是熟悉研究的方法与领域,参与实践项目就是对社会的观察与体验,这样的培养促进学生形成自身的兴趣爱好,并且持续地发展自己的特长,所以这部分学生能够始终知道自己的目标所在,无论高考分数是高是低,都能找到合适的院校和专业,他们的起点或许会有差异,但自身特点明显、方向明确,在过程中就会自主调整发展路径,不断接近目标。

高等教育与经济社会发展关系紧密,尤其是处于新时代的当下,我们的学生要考虑如何通过大学培养成为满足经济社会发展所需的人才。我国 1200 多所本科院校的办学水平各有差异,但在剧烈调整的经济结构、产业结构面前,那些备受关注的办学指标抵不过市场对人才的现实要求,大学传统学科专业的人才培养往往难以满足诸多新型行业、领域的人才需求。所以,当我们以未来十年、二十年的视角重新审视眼前的院校专业,其互相之间的关系便从由高分到低分的排列回归到平面的二维关系,一维是院系专业,另一维是行业领域,再加上学生自身的努力,那样所选择的高等教育就非常完备了。

社会发展总是愈加趋向成熟,愈加平等地提供每个人发展的机遇,但前提是我们要对自己的未来有目标,所谓"机会总是眷顾有准备的人"。今年的投档数据显示,前 5 个志愿的累计满足率就超过 50%,到第十一个志愿的累计满足率已经达到 90%以上,这表明相当多的考生非常明确自身的所需,也只有按照意愿和录取可能进行的志愿填报,方能形成这样的分布结果,这与去年有很大的不同。

原载于 2018 年 7 月 23 日《上海中学生·高招周刊》

第四节　2019年志愿填报与录取

高考录取的稳定计日可期

今年的高考志愿填报一如去年，符合填报资格并有意愿填报的考生在各区招办和高中学校的有效组织下顺利完成了网上填报，7月3日上午10点志愿填报系统准时关闭。随即，清华大学、北京大学等各批次集中录取工作依次展开，大家的关注点将很快转向各院校的录取结果，特别是录取分数一定会成为讨论的焦点。

本市在高考综合改革全面实施的第一年，即2017年，实行了全新的志愿填报和投档录取方案，考试科目、考生和高校招生专业都没有了文理之分，高考总分也由"3＋1"科目的600分转为"3＋3"科目的660分，高校招生专业按照科目要求进行分组，高考志愿实行考后知分、知线、知位的填报方式，而平行志愿的投档信息不仅包含学生的志愿表和成绩，还有综合素质评价纪实报告。这样的变化使得之前几年的录取数据一下子失去了参考意义，这从2017年的普通批次志愿投档成功率数据也能看出，第一志愿的投档成功率只有3.48％，然后依次上升，到第六志愿的投档成功率也仅有7.95％，再依次递减。虽然这样的数据分布体现出平行志愿"冲一冲、稳一稳、保一保"的特点，但也是志愿填报参照信息不足的反映。不过，最后各高校多个院校专业组的录取分数线还是与考生的认知一致的，说明大家的志愿填报还是极其理性的。

到2018年，因为有了前一年的录取数据作为参考，志愿填报的形势大为改观，并在普通批次的各志愿投档成功率上得到了充分体现。志愿表上第一志愿的投档成功率就高达14.08％，第二、第三志愿成功率也都超过了 12%,然后再逐渐走低。到第八志愿累计成功率已经超过 80%,而 2017 年却是到第十四志愿才达到这样的水平。当然,这样的投档成功率分布似乎也不是我们想要的结果,因为没有充分发挥平行志愿的价值意义。

今年的高考志愿填报更加平稳。这归功于新高考的政策稳定,相关环节为更多学校和学生所知晓,应对也就更加从容;同时,最近几年的高考录取率十分稳定,考生人数和高校招生计划高度匹配;最后,也是相当重要的原因,就是各科目考试分数的稳定,按照新高考"3+3"考试科目的制度设计,由政、史、地、理、化、生 6 科中自选 3 科的成绩按照所获等级赋分,其成绩分布当然是稳定的,而语、数、外 3 科的统一高考所要求的原始分呈现方式,成为每年高考命题的压力所在,外语的一年两考更是严峻挑战。但命题专家们以自己的智慧,结合新技术和新机制保持了新高考各科目成绩和总分分布的稳定。在这样的基础上,结合考后知分知线知位的填报方式,整个上海的高考志愿填报就表现得出奇的平静,今年高考录取的总体稳定也是可期待的。

当然,稳定的格局并不意味着每一个院校专业组的录取分数都符合大家的预期或与去年一致。如同近几年考生对医学类专业的青睐,类似大数据、人工智能等专业会成为报考热点;某些前两年不见起色的招生院校或专业,或许其价值会被重新发现和挖掘,如以往地处西北、东北的高水平大学,在一本、二本合并后录取分数连年走高。但有些录取分数震荡的现象应该避免,如被考生诟病的个别高校在某些省份只安排文科或理科的 1 个招生计划,一旦找到特定的考生,将使学校的录取分数线变得非常漂亮,当然也难免失手,导致分数线大幅波动,当然这样的做法已经不是正常的招生了。

原载于 2019 年 7 月 7 日《上海中学生·高招周刊》

浅议考生志愿的投档成功率

高招集中录取阶段最受关注的本科普通批次录取投档于近日完成,虽然结果如预期般平稳,但考生报考第一志愿院校专业组的投档成功率高达 21.61%,也着实让人惊讶。

上海新高考志愿填报采用院校专业组方案,考生以参加高中学业水平等级性考试 3 门科目的组合加以区分,高校以招生专业对科目的不同要求进行分组,由此建立起考生与招生专业的对应关系。相较过去高校文理分科的两组招生,实行院校专业组的招生分组数量会有所增加,所以本科普通批次设置了 24 个院校专业组志愿,为高校设计招生方案、考生选择心仪院校或专业留足空间。

2017 年,上海第一次实施院校专业组的高考志愿填报和投档录取方案,考生第一志愿的投档成功率只有 3.48%;2018 年,这一数据上升至 14.08%;而今年则达到了 21.61%,前 4 个志愿的累计投档成功率已经超过 60%。

分析投档成功的考生志愿表,发现有 7% 的考生所填志愿不超过 5个,他们第一志愿的投档成功率均超过 50%,可谓信心满满;有超过18% 的考生填满了 24 个志愿,其中 80% 考生投档成功的院校专业组志愿比较均匀地出现在前 10 个志愿中;其余近 75% 的考生所填报志愿数处于 6 个至 23 个之间,志愿数量分布比较均匀,基本都在前 6 个志愿实现成功投档,但无一例外投档成功率最高的还是第一志愿。一个比较有趣的现象是,填报的志愿数量在 1 至 23 个之间的考生中,填报 12个志愿的考生数相对最多,恰巧处于志愿数量分布的中间位置。

平行志愿投档成功率的高低反映高考招生形势的稳定与否,包含招生政策、招生计划、考生人数、成绩分布以及以往录取数据的参考性等诸多因素,居高不下的第一志愿投档成功率进一步强化了整体形势平稳的判断,也表明本市的招生信息足够开放,高校和考生的认知完全对称,且有相似的判断决策。但过高的第一志愿投档成功率也反映出考生对院校或专业的选择更多服从于高考成绩排位的因素,而导致的结果是高校所招学生成绩的扁平化及同质化。高考的志愿填报是考生重新规划下一阶段学习生活、人生发展的重要契机,除高考分数外的院校、专业、地域、文化、气候、兴趣等都可作为选择决策的考虑因素,以便更有利于自身的成长,而招生院校也希望通过吸引更多有差异、有特点的考生报考,形成多元的培养氛围,这也是高校发展的生命力所在,因此目前的投档成功率分布并不完全反映我们制度设计的目的。

当然,新高考的院校专业组志愿填报方案设计既是满足高考总分作为录取依据的需要,也是基于考生学业水平等级性考试科目与高校招生专业对科目要求的相互关系。以目前的投档效果分析,似乎高考总分的特点显著而科目的因素体现不足,因此有必要探讨如何增强考生选考科目或高校招生专业对科目的要求这一因素的影响效果,使得两者之间有更好的平衡,充分发挥制度设计的优势。

原载于 2019 年 7 月 23 日《上海中学生·高招周刊》

浅议本科普通批次招生院校的录取分数

　　每年的本科普通批次集中录取都是最为关键的,这是因为其录取人数占比最高,覆盖院校和考生群体最多。上海 2016 年已经实现本科批次的合并招生,且近年来的本科招生计划远超高职专科,所以本科普通批次集中录取的特点更是反映了考生的选择意向,值得关注。

　　今年参加本市本科普通批次集中录取的招生院校有 500 多所、院校专业组 1000 余个,完成的录取人数占今年全部本科招生计划的四分之三,其中本市高校录取人数占比约三分之二。新高考实施以来稳定的政策和考试环境、稳定的考生人数和招生计划,以及考后知线、知分、知位的填报方式,保障了考生志愿填报的整体稳定性,这不仅体现在考生的志愿满足率和投档成功率不断提高,还体现在高校录取分数线或录取考生成绩位次的稳定上,这在上海高校的录取分数上表现得最为充分。我们前两年所形成的关于录取本市公办高校和民办高校所需高考总分的认知依然有效,上海各高校的录取分数位序也基本保持稳定,或许各专业的录取分数有些差异,但结合分数的位次,实际也就没有区别了。今年上海电力学院升格为大学,本以为会明显提升录取分数线,但观察下来提升很有限,倒是比较小众的上海音乐学院和上海戏剧学院的录取分数线缓慢上升,较两年前已经有 10 分左右的提高。

　　在总体稳定的形势下,也可以发现如下的特点。

　　一是国内顶尖高校的录取分数居高不下。

　　假如我们以高考成绩 550 分为观察基准,这个分数所代表的上海考生成绩位次约 5100 名,位列前 10% 左右。全部院校专业组录取分数都在此之上的有同济大学、华东师范大学、上海财经大学、上海外国语大学、中国人民大学(包括苏州校区)、北京邮电大学(包括宏福校区)、北京师范大学、北京外国语大学、中央财经大学、对外经济贸易大学、中国政法大学、北京航空航天大学、北京理工大学、南开大学、天津大学、哈尔滨工业大学、南京大学、东南大学、浙江大学、中国科学技术大学、厦门大学、武汉大学、华中科技大学、中南大学、中山大学、华南理工大学、电子科技大学、西安交通大学、西北工业大学等，部分院校专业组录取分数在 500 分以上的有中国传媒大学、山东大学、重庆大学、四川大学等。上述高校无疑在各自领域或综合水平上都代表了中国的高等教育，自然受到上海考生的追捧。这里没有把"北清复交"四校纳入，因为它们的招生主体并不在普通批次。

二是不少外地重点大学或"双一流"高校受到上海考生持续青睐，录取分数明显提升。

如北京化工大学、首都经贸大学、华北电力大学（保定）、东北大学秦皇岛分校、太原理工大学、大连海事大学、合肥工业大学、福州大学、郑州大学、云南大学、兰州大学、中国海洋大学等高校的录取分数都有 5 分，甚至 10 分左右的提升，这在目前如此扁平化的志愿填报与录取环境下是难得的，可以说考生对学术与培养质量的追求已经超越了单纯地域的限制，是十分可喜并值得鼓励的现象。

三是临床医学类专业的录取分数持续提高。

除海军军医大学、南方医科大学、重庆医科大学这般高端的或有地域优势的院校外，许多普通院校的医学类相关专业也日益受到考生重视。如河北医科大学、徐州医科大学、新乡医学院、昆明医科大学、湘南学院、河南大学、潍坊医学院、济宁医学院等，无论是八年制还是五年制临床医学专业的录取分数都有明显提升，有些院校或专业的录取分数线已经累计提高了二三十分，这也反映出当下考生对未来职业发展的理性思考。

当然高校录取分数还受到所在地域、招生人数、招生专业等因素的影响。通过粗略分析，我们能够在现有环境下发现一些已知或未知的事实，这可以丰富我们的认识，并指导今后的工作。

原载于 2019 年 7 月 27 日《上海中学生·高招周刊》

第五节　如何填报志愿

考生要找准比较的基准或自己的定位

随着录取进展,在获悉所录取的学校、所录取的专业等结果后,考生的反应想必是有喜有忧:对于超出预期录取结果的,考生自然是万分满意;对于录入了作为后备的志愿的,则是非常无奈。总之,考生满意程度各异。

满意度衡量的是客户对特定产品或服务实施前后感受程度的差异,也是质量指标体系中的一类,只是不同于工业标准件的产品质量,通过刚性的数值指标加以定量检验以获得质量的判定。满意度指标更多地应用于服务领域,通过测量客户对特定服务实施前的结果预期和实施后的实际体验之间的差异计算得出,因此它是一个主观性指标,也是一个相对指标。对同样一个结果而言,如果当初设定的结果预期较低,那么所获得的满意度就会较高;如果当初设定的结果预期较高,那么满意度就会较低;反过来的情形也同样存在。也就是说满意度指标的度量取决于实际结果与预期之间的差异,这个差异的大小就是满意度的大小,两者成正比关系。

如果我们把志愿填报的过程看作对录取结果的预期,就可以解释当考生获得的录取结果是排列在志愿表前段的志愿时,他一定会觉得是意外之喜的原因,因为在平行志愿填报中通常将那些心仪却又与自身条件有差距的院校和专业填报在志愿表的前段,当初并没有把握能被这些院校录取;同样,如果录取结果是处于志愿表中间部分的志愿,考生不会觉得惊讶,进入这些院校和专业本来就在他的预期范围内;当然,如果录取了原先作为保底的志愿,那么多少会让考生觉得沮丧,因为原来考虑的录取院校应该是高于这些志愿的。所以,考生对录取结果的满意与否或者满意的程度实际是取决于当初的志愿填报,或者说是当初的定位是否准确。

这就提出了一个问题,是否把所有事件结果的预期都设在较低的位置,我们所有人就能始终保持愉悦的感觉?理论上是对的,但这样做的同时也会失去更多的成功机会,而且从人本身的发展性来说绝不会发生这样的结果,这也是社会在保持发展的同时总呈现出多样性的原因。

我们担心的是考生及其家长和老师无法找到准确的比较基准或定位。大多数家庭都是独生子女,孩子出生后从没有过可以比较的对象;现实环境下,类似"不要让孩子输在起跑线""充分挖掘孩子潜能"的口号,推动家长很早就把孩子纳入了过度学习的进程中;同样,传统的学校教育,无法适应现在多元的培养需求,这些都导致了学生从自身、家庭到学校寻找不到适合自身的准确定位。每年的这段日子,相熟的考生家长碰到笔者聊的基本都是孩子将来的研究生学习规划,不论孩子是否适应将要进入的大学生活,不论孩子的高考分数是位列前5%还是前50%,也不论孩子进入的是世界名校还是一般院校。从中能看到家长对孩子的期望,这当然是每个家庭和社会发展的动力,只是总觉得其中缺少了些什么。

原载于 2017 年 7 月 15 日《上海中学生·高招周刊》

征求志愿的纠结

上海近几年的高考录取过程中都会遇到这样的情形：在本科普通批次投档录取结束后，总会留下千余个招生计划的空额。这些"不受待见"的招生计划所在的院校包括了一些不知名的公办院校，因为校址地处内地三、四线城市或比较偏远的东北、西北、西南地区，通常不为人所知；其中更多的是民办院校，办学时间不长，学费又比较贵，难以被考生接受。另一方面，与招生计划缺额相对应的，有千余名考生没能在同批次被投档录取，这部分考生主要是高考成绩与所报志愿不匹配，不能如愿。随后，在征求志愿阶段，这部分考生有了再一次选择的机会，同时也面临选择本科院校就读还是选择高职大专院校就读的现实问题。

进一步分析这些进入征求志愿阶段的院校可以发现：公办本科院校尽管位置偏僻，或许学校环境和条件不及地处中心城市的高校，但办学特色鲜明，师资队伍整齐，学科体系完备，社会声誉和口碑也相当不错，缺点就是离上海比较远；另一部分高收费的民办院校，所办专业与经济社会发展紧密结合，如语言类、医药卫生类、计算机信息类等专业，所学能为所用，当然学费可能是一大障碍。

如果放弃上述院校的志愿填报，那就只能选择高职大专院校就读了。一般来说，达到本科分数线的考生在参与高职大专录取时有一定的成绩优势，但是除非目标明确、指向清晰，否则人云亦云、容易趋同，那么可选范围不仅十分有限，而且竞争也会非常激烈，同样会陷入公办和民办、院校和专业、上海和外地的纠结之中，甚至难以如愿。

中国国民教育系列中的高等学历教育分为专科教育、本科教育和研究生教育，而学历分为专科、本科、硕士研究生和博士研究生 4 个层次。近 20 年高等教育的发展，使得经济发达地区学生接受高等教育变得更加容易，每年考生中的大部分都有机会接受本科教育，少部分可以接受专科教育，但剩下一小部分成绩过低的考生还是不能被高等教育所接受。

由于目前制度设计为一次高考的成绩可同时确定进入专科教育和本科教育的资格,造成的错觉是两者差异不大,实际是层次鲜明、不可跨越,因为每个层次的学历教育都有其自身完整的教育体系,各自有针对特定人群的统一入学考试。如此的制度设计也深刻影响了社会对学生的基本判断,即重视所谓的第一学历。因为每个人的最终学历或学位可以通过持续的、一辈子的努力去达成,但第一学历往往是在当时条件下通过统一高考所达到的,它具有相对的一致性,可以用来证明你在人群中的相对位置,也是对你当时优秀程度的衡量,以现在的高考录取率来看不无道理。

原载于 2017 年 7 月 27 日《上海中学生·高招周刊》

由志愿填报分析家庭的代际冲突

7月3日上午今年的高考志愿填报结束,但随之市教育考试院就接到了考生或考生家长来电,要求修改志愿表。按理说考后出分填报,又有去年的参照,不应该存在刚提交就需要修改的现象。细问之下方知,所提交的志愿表由家长做主,导致孩子激烈反对,甚至到了无论如何也不愿接受的地步,所以提出修改要求。类似的事情年年都有,笔者记得某年向考生了解专业志愿填报情况,不少考生反映第一个志愿是家长的,第二个志愿才是自己的,如今看来这样的家庭还算是能达成共识的。

孩子是家庭的未来,寄托着父母的希望。所以父母不仅承担并履行着养育与教育的义务,在孩子人生各个选择的关头也起着决定性作用,诸如升学、求职、交友、置业、嫁娶等每个环节,父母都尽心尽力地给出意见或者作出决定,但这并不代表父母的苦心和用心都能得到孩子的认同与尊重,反而往往形成上述那样互不相让的局面,或者是孩子表面接受,内心抗拒。之所以会这样,是因为父母对矛盾产生的原因的认识不够充分。

第一是对孩子成长性的认识。少儿时期的孩子,无论是身体还是心理都无法自主,必须由父母给予全面的保护,包括替他们做好所有的安排;到了青春期,孩子有了一定的知识积累和身体成长,也有了一定的自我意识和判断选择能力,尽管以成人眼光看,这一切还很幼稚,也没有任何的经济社会支撑能力,但孩子的主观意识却是非常强烈的,这个阶段又有较为集中的高中或大学的升学、求职、交友等选择,所以他们与父母经常意见相左、冲突不断;到了上大学、走上社会,父母能够实现的干预很有限,家长的主导权也就更多交还给孩子自己了,这也是孩子成熟的表现。

第二是对自身发展阶段性的认识。当孩子处于少儿时期,父母的职场经历尚处于初级阶段，此时也适合把更多时间和精力花费在对孩子的养育上；到了孩子的青春期，父母的事业有了一定基础，无论是否有飞黄腾达的前景，都已经有相当的积累，即使不成功也会总结出许多教训（通常不一定正确），如果自觉很成功也会有许多心得（也不一定正确），恰巧这个阶段正是孩子需要作出各项选择的关键时刻，因此父母所谓的教训和经验、自己的人生得失都一股脑儿地强加在孩子身上了；到了孩子趋于成熟时，父母自己的职业发展也到了末期，见识、能力与时代渐渐有了距离，也不能再左右那时的孩子了。当然每个时代都不乏这样的家长，觉得自身的权力或资产足以覆盖孩子全部的人生，会强势主导下一代的任何选择，那是喜是悲就另当别论了。

第三是对社会发展趋势性的认识。每个人的生存发展在整个社会中是极其渺小的，且处于极其狭窄的时间片段，因此我们的见识和能力都极其有限，而社会发展的变革又往往超出预期，最近40年来中国社会的改革、世界局势的变化以及科学技术的发展无不佐证了这一点，专业、学科、职业、产业、社会思潮变化之大令人眼花缭乱，虽说社会发展有其客观规律，但就具体的要求、标准、评价而言，我们是无法自主，也无能为力的。因此，我们的生活工作都只能是所处时代的反映，根本无法复制到下一代去。

综上所述，只有孩子的成长才表现出趋于发展成熟的一致性，这也是社会向前发展的基本规律，因此面对未来学习、生活、职业的选择上理应更多考虑他们对自身的认识与抉择，因为只有他们才是未来社会的主人。

原载于 2018 年 7 月 7 日《上海中学生·高招周刊》

值得把握的招生计划

在完成了本科普通批次平行志愿投档录取后,尚有院校专业组缺额计划数为 777,而满足第一次征求志愿填报资格的考生人数为 610,两者如此接近,堪称完美,表明本市所确定的本科批次录取控制分数线(401 分)具有坚实的基础。

本科院校的招生计划在高考前已经确定,但在实际录取过程中招生院校可能对计划作出调整,尤其是部分艺体类院校不以分省计划开展招生录取,以及各院校还按照自主招生政策进行招生录取,等等,这些项目的招生数量在录取总数中占有相当比例,对录取率产生很大影响。按照政策规定,本科录取控制分数线决定了考生是否具有被本科院校录取的资格,也是本科院校招生的底线,如果这条线过高,则可能浪费招生计划,使得部分考生失去接受本科教育的珍贵机会;如果这条线定得过低,则可能让一部分似乎具备资格的考生因为没有相应的招生计划而空欢喜一场,所以能否准确划定本科录取控制分数线也是决策部门政策水平与技术水平的综合反映。

当然,招生计划与考生人数相当只是解决了数量上匹配的矛盾,要真正落实还得由考生对招生院校或专业的实际判断及申请来决定。根据今年投档数据分析,考生有几个鲜明的特点:

一是青睐高水平大学。凡曾经列入"211""985"工程建设的高校都成为考生志愿填报的首选,即使如西北农林科技大学、东北农业大学、东北林业大学、青海大学、延边大学、石河子大学等地处偏远的学校也为考生所接受,投档都是一次满额,且投档分数的排位与去年相比也在提高,如西北农林科技大学、青海大学、延边大学的投档(最低分)考生分数排位都上升了 1000 余位,石河子大学的投档(最低分)考生分数排位上升了 3000 多位,而东北农业大学、东北林业大学的投档最低分均上升了 20 多分,相应考生的排位也上升了 6000 位左右。

二是更欢迎公办院校。比较地域、学科等条件相同或相近的院校投档分数,公办高校的分数要明显高于民办高校,有的差距多达三四十分。高学费可能是影响考生报考民办高校的原因,但也不尽然,近几年中外合作办学的院校或项目的年学费都超过了10万,但办学质量和声誉得到认可,考生报考踊跃。而对于一般的民办高校,考生对预期的培养质量抱有疑虑,影响报考积极性。从20世纪90年代至今,民办本科院校有了20余年的办学历史,但至今还没有社会声誉卓著、考生心向往之的高校,值得深思。

三是对以临床为代表的医科兴趣增加。如去年山西医科大学比山西财经大学投档分高10余分,今年要高出30多分;去年湖南中医药大学投档分低于湘潭大学20余分,今年两校相当;去年安徽大学投档分高出安徽医科大学,今年被反超。含有临床专业的医科特别受欢迎,即使是民办院校的医科也受到考生关注。这反映出社会发展阶段的特点,当大多数人摆脱贫困、关注生命质量的时候,医科就上升为大家关注的学科,成为升学的增长点,未来这样的趋势会更加明显。

上述三个特点反映在今年的投档分数上就是相关院校专业组投档考生的分数排位都有所上升,这是因为有了去年第一次实施院校专业组志愿填报与投档录取方案的基础,考生的报考目标更为集中,这也使得今年提供征求志愿填报的招生计划多为民办院校。当然,由于高考总分分布稳定、考生人数与招生计划匹配,凡具备本科征求志愿填报资格的考生仍有很大机会被录取,只是观察和选择的视角必须要结合招生计划的现实。无论从那个角度分析或判断,接受全日制本科教育都是求学生涯的重要标志,值得把握。

原载于2018年7月27日《上海中学生·高招周刊》

他们去了哪里？

在近日举行的 2018 年上海高考招生总结会上，有一组数据引起了大家关注，相信不少同学是有兴趣了解的。

综合评价录取是上海高考改革成果的重要体现，其录取模式充分体现了"见分又见人"的教育评价特点，参与招生的 9 所上海高校是本市名列前茅的院校，考生无不心向往之。参加高校综合评价录取的流程颇为复杂，考生需要经历前期的报名、审核等程序，并且秋季高考成绩还必须处于各院校计划录取人数的前 150％，才具备参加校测（面试）的资格；待完成校测后，再按照高考分数与面试成绩综合评估，方能确定是否录取。应该说进入到校测范围后，被高校录取的可能性是很大的，但今年有 450 余位考生放弃了参加相应院校的校测，这些考生最终录取在哪里，是我们非常关心的。

经统计，有 139 位考生在后续批次的录取中仍进入了原综合评价批次申请的高校，另有 6 位考生没有后续录取信息（有可能出国或进入计划外招生的院校），因而其余 305 位考生是我们关注的对象。我们试图对考生最终录取的院校专业组与综合评价批次申请的院校专业组进行比较，但高校在综合评价录取批次安排的招生专业（组）与平行志愿批次的招生专业（组）并不相同，只能简单地以院校专业组的录取平均分进行比较。发现有 41％的考生所录取的院校专业组平均分高于原综评申请高校院校专业组的录取平均分，而有 51％的考生所录取的院校专业组平均分却低于原综评申请高校院校专业组的录取平均分，另有约 8％的考生所录取的院校专业组平均分与原综评申请高校院校专业组的录取平均分相当。这样比较的依据与平行志愿的录取模式是一致的，但肯定不完善，因为院校或专业的选择不仅考虑分数，还综合了学校、专业、地域以及预期录取结果判断等多种因素。

对春考招生中放弃校测的考生，我们也进行了类似分析。2018 年有 23 所本市高校参加春季高考招生,我们注意到有 308 位考生放弃了其中 18 所公办院校校测。这些考生中,除 26 位没有参加秋考招生,35 位在秋考招生中仍被春考报考院校录取外,247 位考生分别被其他院校专业组录取。如果以含有春考填报专业的院校专业组录取平均分作为比较基准,则有 188 位(约占 76%)考生所录取的院校专业组平均分高于含有春考报考专业的院校专业组录取平均分,有 59 位(约占 24%)考生所录取的院校专业组平均分低于含有春考报考专业的院校专业组录取平均分。上述比较表明大多数(约占 67%)放弃春考校测的考生在秋季高考中的录取优于春考录取(仅以录取分数比较),但不可忽视有 33% 的考生秋季高考录取并不占优(同样仅以录取分数比较),考虑到春考招生与秋考招生相差半年,放弃校测考生连续数月的秋季高考准备得承受高强度的精神和身体压力,因此轻易放弃不是理智的选择。

新高考提供考生一年两次参加外语考试的机会,且较高的一次考试成绩会计入高考总分,因此大多数考生都会参加两次外语考试,但今年有 7000 多名考生仅参加了外语的第一次考试。分析他们的录取信息,发现其中的大部分被高校的春考招生、专科自主招生、保送生招生等招生项目录取,而有 455 位考生参加了秋季高考录取,即这些考生外语一考的分数被计入了高考总分,所以他们成为我们关注的对象。经统计,这部分考生的外语一考成绩在 130 分及以上的占 32%,处于 110 至 129 分之间的占 44%,其余 24% 的考生成绩在 110 分以下。从录取结果分析,其中 26% 的考生被原"985"院校所录取,24% 的考生被原"211"院校(不含原"985"院校)所录取,49% 的考生被一般本科院校(包括艺术类本科院校)录取,另有 1% 的考生被专科院校录取。

上述数据只是粗略地描述了今年高考招生中的一些现象,但从中也能体会新高考改革使上海的高考招生呈现形式多样、路径多元的格局,考生完全可以根据自己所长及预期进行自主抉择。

原载于 2018 年 10 月 27 日《上海中学生·高招周刊》

值得珍惜的高考录取机会

近几年本市高考录取呈现出比较明显的"全入时代"特点,即在高等教育规模扩大的同时,恰逢高中学生数量处于低位,使得绝大多数高中毕业生能够升入高校接受进一步的教育。面对高达80%,甚至90%的高考录取率,社会上也有"大学生是否太多了"的疑问。

根据2015年全国1‰人口抽样调查的结果,中国大陆31个省、自治区、直辖市和中国人民解放军现役军人的人口中,具有大专以上教育程度(包括各类学校的毕业生、肄业生和在校生)人口为17093万人,即每10万人中具有大学教育程度人口为12445人,人口占比稍多于12%,另有统计表明具有普通本科学历以上的人数占比连4%都不到,更为稀缺。当然,不同年龄段、不同地区和不同行业具有大学教育程度人口的分布也不相同,一般是中心城市占比远高于中西部地区,30岁左右年龄段占比明显高于四五十岁年龄段,且热门行业的学历竞争性更高,等等。我们之所以会有遍地是大学生的感觉,往往是与所在的区域、行业、年龄等有关,如你的同学、同学的同学、同事等都是大学生。

网上有一份2014年统计的关于世界各国受过大学教育的人口比例数据,以主要发达国家25至64岁之间的年龄段为例,美国44%、德国27%、日本48%、英国42%、加拿大54%、法国32%等。网上能搜索到的类似信息不少,虽然数据各有差异,但基本都反映出发达国家的这一指标名列前茅。研究也有"教育是经济增长的助推器"这样的结论,一国或一地区所拥有的受高等教育人口占比高低与经济发展水平具有显著的正相关关系。

中国经历了40年改革开放的超常发展,目前正面临经济转型的严峻挑战,如何才能扭转危机、整体提升经济社会发展水平,所能作出的选择也必然是优先发展教育,特别是高等教育。近期公布的《2018年全国教育事业发展统计公报》显示,我国的高等教育毛入学率已经达到了

48.1%,非常接近 50%的普及化标准,在读的普通本专科和研究生达3100 多万,成人或网络本专科学生 1400 多万,各项指标都有明显提高。但即使如此,要赶上发达国家的相应人口比例,还得作出非同寻常的努力。由此也不难理解,近些年国家不仅提出了普及高中阶段教育的目标,还要专门实施高职扩招 100 万的重大举措。

经济合作与发展组织(OECD)有报告指出,高学历并不等于更高技能,然而,有着强大高等教育制度的国家往往技能水平也较高。不断增加教育机会,提高人们的技能,对于社会经济长期繁荣和凝聚力提升是至关重要的。

所以,就中国现状而言,学生接受高等教育不仅仅使自身的学历处于同年龄群体的前列,在学业与职业发展中有更多优势,更是推动经济社会持续发展的重要的积极因素。

原载于 2019 年 8 月 12 日《上海中学生·高招周刊》

第四章

大学招生录取

第一节　大学的报考

如何看待大学的申请和报考

随着上海高考志愿填报和投档录取实施办法的发布，高三学生及家长将大学报考事项提上了议事日程，一经关注顿觉各种信息扑面而来，让人难以招架。除了往年的院校专业录取分数和今年的招生专业目录这些资料外，诸如"985"与"211"的区别、本市普通院校与外省市重点院校的选择、到底是优选学校还是看重专业等问题层出不穷。过度关注信息不仅耗费了太多精力，还迷失了选择的本来目标。

我们都希望孩子上大学，尤其希望孩子上优质大学。当得知有谁是从名牌大学出来的，人们总是以赞赏的目光关注他。为什么会这样呢？大学之间真有那么大的区别吗？估计大多数人也说不出所以然。即使是曾经经历过大学生活的家长们，当时作为青年学生也基本是茫茫然过来的，难以形成观点或看法来指导下一代。

德国哲学家雅斯贝尔斯在《大学之理念》的绪论中开宗明义地提出：大学是一个由教师与学生组成的致力于寻求真理之事业的共同体。美国康奈尔大学前校长弗兰克·罗德斯认为大学是学术性社会组织，学生与教师是大学里一对相互依存的主角，在人类文明的传承与创新中共生。没有学生，仍可能会有研究院、学术研究中心，但绝不会有大学；没有教师，也不成其为大学，教师作为知识的传播者和创造者，始终是大学文化的守护者，是学术事业发展的坚定力量。

上述观点界定了高等教育的本质特征是一切围绕高深知识的传播、加工与创新而展开的教学、研究、管理、服务等社会关系的总和，即大学作为高等教育客观存在的实体,它最基本的功能就是学术活动,只有与教学和学术相关联的活动才是决定大学存在和发展的依据,也是大学与其他社会组织之间最显著的区别。

实际上,这也是全世界顶尖大学的共同特征和追求的目标,无论是哈佛、耶鲁,还是牛津、剑桥,都以学术作为大学安身立命之本,经过数百年的积淀,才成为世界高等教育的代表。所以,我们考虑大学的申请或报考,实际是在选择一个适合自己的、以学术为主要对象的群体环境,因此首先必须清楚自己的学术兴趣或学术目标,这样身处其中才不会觉得孤单。

当然,随着经济社会的发展,现代大学的规模也在不断扩大,非学术性事务逐渐增多,功能也越来越多,而且具备多重属性,如教学属性、科研属性、社会服务属性、行政属性或政治属性、产业属性和文化属性等,这些变化尽管不能作为大学的本质特征而存在,但是顺应或引领了经济社会发展。比如大学开展应用学科研究,不仅为产业贡献了科学智慧,而且造就了一大批专门人才,有力地推动了工业革命;同样,伴随市场经济,应用经济学、金融学得以发展,促进了市场经济的完善与发展。由此,我们也可以看到对于应用性专业领域的认识与兴趣同样是选择大学的基础。

以现在通行的观点看,现代高等教育首先应尽人才培养的职责,以符合大学的原意;其次具备科学研究的使命,以探索人类未知的领域;同时承担文化传承和社会价值引领的责任,以推动社会健康发展。所以,我们选择大学不仅是选择个人的未来,还是选择知识和文化传承的路径,以及在此基础上承担起推动社会发展的责任与使命。

原载于 2017 年 3 月 31 日《上海中学生·高招周刊》

把握大学招生录取方式的变化

2019 年的高考报名已于近日启动,明年参加高招录取的考生们,在紧张复习迎考的同时别忘记关注招考信息,准确把握进程。就每届考生而言,面对纷繁复杂的大学招生政策总是感觉相当无助,因而经常有考生自嘲为"小白鼠",总觉得自己这一届是最不受大学待见的。实际上,40 年来的大学招生都以统一高考为基本的录取模式,在此基础上也充分兼顾了诸如具有艺术类和体育类专业特长的考生,以及具备一定学科专长考生的选拔录取。如果对以往的大学招生进行梳理,可以看到不同阶段的大学录取方式都是围绕学校招生和专业招生的相互关系而发生变化的。

在恢复高考最初的 10 多年里,大学实行计划招生和计划分配。大学的招生录取也是传统的顺序志愿,各高校根据报考考生的高考成绩排序,按照招生计划数的 120% 确定调档分数线。在此范围内,大学的各专业依据考生的报考志愿、单科成绩及特点自主录取考生,在满足专业录取的同时自然完成了大学的录取。那个年代能上大学的绝对是少数,在统一高考基础上,大学的招生主体地位得到保障,尤其是专业录取更是体现了专业培养的学术标准。到了 2000 年前后,考生都来自独生子女家庭,他们身上被寄予父母的高度期望,而大学的录取竞争依然激烈。随着市场化改革的推进,国家不再负责毕业分配,不同专业所蕴含的职业地位分化也十分显著,因此考生不仅要竞争名牌高校,还要竞争热门专业,导致社会对招生录取公平性的要求显著提高。与之相适应的是,各地逐步采用了网上志愿填报和录取方式,甚至引入了平行志愿录取模式,强调高考总分为学校录取和专业录取的唯一依据,两者高度一致。为弥补这种高度统一录取模式所带来的缺陷,教育部从 2003 年起允许部分大学实施自主招生选拔,即在高考前选拔极少部分考生,享受一定的高考录取优惠政策,既尊重大学自主权,也缓解部分专业的招生矛盾。借助这个政策,不少大学实施了较为完整的招生改革。比如本市目前实施的综合评价录取就是源于复旦大学和上海交通大学的招生改革,部分大学在浙江、江苏、湖南等地也实施了类似改革。这种模式实现了高校对考生的全面评价,在专业录取上也充分体现了考生的意愿。

2017年开始实施的新高考把语文、数学、外语列为统一考试科目,代表所有考生可比较的部分,而另一部分由考生从思想政治、历史、地理、物理、化学、生命科学中自主选择3个科目参加考试,选考科目既包含学科内容,也反映考生的兴趣爱好,还隐含一定的过程性评价信息。虽然录取模式仍是以6科的总分为依据,但是考生的选考科目直接影响了可报考的大学专业范围,同样总分的考生被录取的专业或学校会不相同,这实际是一种专业优先的录取方式,也是对以往大学招生方式的深度变革。以上海、浙江为先期试点的新高考,其结果具有典型意义,也将影响未来若干年的高考录取模式。

由于大学的文化共性以及专业或学科的培养特点,对大学招生的评价也更多聚焦在学校录取与专业录取的相互关系上,而考生的焦虑也多源于对学校优先还是专业优先的把握。应该说,新高考为将来实施更为理想的录取模式奠定了基础,即实施统一高考基础上的入学申请制,大学可以设定语文、数学、外语3科统一考试的总分作为申请的最低分数线,满足条件的考生以自身选考的3科科目成绩以及其他信息,向相应的专业或院系提出入学申请,接受选拔。也就是说,当我们接受"3+3"分离的时候,理想的大学录取模式也就形成了。

原载于2018年11月2日《上海中学生·高招周刊》

高考报名为何那么早？

从媒体获悉，全国已经有 10 余个省份陆续展开了明年的高考报名工作，上海市的 2017 年高考报名工作也将于近日启动。大家或许有疑问：对大多数人而言，高考是发生在明年 6 月的事，为什么报名工作启动得那么早？

就 2017 年的上海而言，全市统一组织的高考可以分为 1 月份的春季高考和外语一年两考的第一次考试、3 月份的专科层次依法自主招生、5 月份的"三校生"高考、6 月份的秋季高考等，还有与之关联的今年 12 月就要举行的艺术类专业招生的统一测试（体育类专业招生的统一测试通常安排在明年 3 月）。上述这些考试都属于高校招生的考试，考生群体互不完全覆盖，招生政策又极其刚性，所以需要通过报名尽早获得完整的考生信息，以便有序地开展后续工作。

通常而言，参加高考的主体是应届高三学生，但是也有部分社会考生，所有考生除须满足对身份的统一要求之外，2017 年要特别关注高中学业水平考试制度的约束，即必须达到高中毕业条件（或同等学力要求）的考生才能参加高考或参与录取。例如，前两年没有通过高中学业水平合格性考试的同学，就应该关心明年 4 月的补考安排，甚至 6 月校内安排的补考；社会考生必须至少有 3 门学业水平合格性考试的成绩，方能参加明年 5 月的高中学业水平相应科目的等级性考试，然后才具备参加秋季高考和录取的条件。因此，与往年相比，参加这届高考的同学要格外关注相关信息，梳理自己的学业情况。

对大多数埋头学习的高三同学来说，高考报名并不会影响自己的复习安排，但是通过网上报名、信息核对等必要的步骤，有必要提醒自己考虑未来，了解和认识各种类型高考的不同内涵，尽早计划自身的升学路径，做到胸有成竹、主动应对。比如，是否已经有准备参加 1 月的外语统一考试，还是加强复习，只参加 6 月的考试？是否对艺术类专业的测试内容、形式和招生学校有充分的了解？是否已经对春季高考的招生专业和测试形式有足够的了解而决定报考，而不是抱着试试看的态度，就是多参加一次考试而已？是否要直接参加专科层次依法自主招生，以更有利于规划自身的学习和生涯？我认为，类似问题还可以列出很多，不仅学生本人要有系统性的思考和判断，家庭和学校也有责任协助考生做好充分的思想准备，使得我们的高三生活不是只止于一场高考，而是贯通未来的人生发展。只有上升到这样的思考和认识，再面对类型众多、形式各异的考试招生时，才会觉得是机会，才能做到理性选择，真正享受到高考改革的红利。

原载于 2016 年 11 月 4 日《上海中学生·高招周刊》

"双一流"建设拓宽了高中生升学选择的范围

上周刷屏的教育信息都是关于教育部等部门联合发布的世界一流大学和一流学科建设高校及建设学科的名单（简称"双一流"），由此激发了诸多有识之士在网上评论的热情，有关于"被评上的高校或学科与没有被评上的高校或学科之间到底谁更强"的争论，也有关于"是否应该再次把高校分成三六九等"的论证，那么多人关心和讨论教育的话题，这也是一件好事。

恢复高考 40 年来，我国的高等院校从 20 世纪 80 年代初的 700 多所发展到现在的近 3000 所。这么多的高校不仅满足了每年近千万高中毕业生的升学需求，还在推动经济社会发展等方面起到了重要作用，同时也反映出我国改革开放以来教育事业发展的成就。但人才培养、学术发展和社会价值引领是人类社会对高等院校功能的共识，也是全世界高等院校的共同责任，以这样的观点审视我们的高等教育，不得不承认其与世界上的一流大学还有很大的差距。所以，40 年来我们不间断地采取重点建设若干所大学的方式，如 20 世纪七八十年代的重点大学建设、90 年代的"211"大学和"985"大学建设等，都是希望加快中国高等教育的发展。

之所以采用这样的方式进行大学建设，一个重要的原因是经费的缺乏，难以普遍地满足所有大学的办学所需，只能择其重点为之。尽管随着经济社会发展，我们的国力以及用于大学办学的经费有了很大的增长，但即使以我国最为知名的清华大学和北京大学为例，要比肩欧美等地的世界一流大学，在经费投入方面还是不可同日而语的，更遑论其他一般院校了。办教育是要有足够资金作为支撑的，这也是高水平大学发展的规律之一。高校是人才汇聚之地，也是思想和创新发源地，人才、思想、行为都应该在最为自由的保护下才能发挥到极致，才能对社会发展产生积极影响，这重要的保障就是经费，当然还有制度、环境等。

经过数十年来持续不断的重点建设,部分高校的办学水平得到明显提高,每年考生对原"985"院校和"211"院校的踊跃报考就说明了这一点。

关注到我们的考生,即使是很优秀的学生,一般对国内高校的所知也就是非常有限的十来所,但是如果请他们列举一下美国的高校,倒是可以报出20多所,且特点各异。这其中既反映了高中缺乏合适的大学指导,又表明我们重点建设的范围和数量非常有限,难以为社会公众所认知,当然大学发展的同质性问题也是原因之一。从本次公布的"双一流"高校和学科来看,增加了不少新面孔,结合我们熟知的原"985"大学和"211"大学,知名大学的范围在扩大,而且一流学科的建设推进,也将促使大学往特色方向发展。因此,我们可以期待,随着国家"双一流"建设的稳步推进,中国的好大学和好学科会越来越多,我们考生可选择的范围也会越来越宽广。

原载于 2017 年 9 月 29 日《上海中学生·高招周刊》

第二节　大学的招生

浅议完成招生录取必需的环节与步骤

近日正是高考招生的集中录取阶段，每一批次录取结束，总有考生被第一志愿录取，那是如愿以偿、欢天喜地；也有考生被比较靠后的志愿录取，则是万般无奈；当然一定会有考生，其志愿连参与录取的机会也没有，他们更是觉得判断失误而自责连连。在已经具备考试分数的基础上，要顺利实现招生录取，需要招生计划、志愿填报、志愿投档、录取审核等各个环节互相支撑。从经验看，每个环节都具有一定的不确定性，带来结果与预期的不同。

招生院校负责安排本校各专业的年度招生计划，但计划仅反映一个数量指标，学校更关注生源质量，所以会根据招生录取政策的变化和历年生源情况进行计划安排的调整。比如，在过去顺序志愿的背景下，招生院校通过"组织自主测试给予加分"的方法吸引优秀考生填报第一志愿；现在实行平行志愿投档，学校则更加注重整体优势的宣传，以吸引考生把本校志愿填报在比较靠前的位置。再者，上海的高考改革实行了院校专业组方案，给高校带来了"通过招生专业分组设置增强对考生的吸引力"的契机，因此随着加入高考改革省份的增加，全国高校的招生计划安排面临重新布局。此外，院校为了提高生源质量，充分利用招生批次政策进行招生计划安排的调整，近年已有越来越多的高水平大学在提前批次安排较多招生计划。

考生是志愿填报的主体。考生通过梳理归纳自身对专业的兴趣爱好，兼顾未来的深造、职业，以及对高校历史、排名、所在地区等因素的考虑,形成各自的志愿填报结果,当然高考分数是一个最为核心和基础的因素。现在普遍实行平行志愿投档办法,志愿脱档的风险大为降低,但也面临专业优先或者学校优先的矛盾,也存在对当年录取分数预判错误使得填报失误的例子,上海考生只填报本地院校或只填报特定层次院校导致脱档的现象依然存在。

志愿投档通常是由各省的教育考试院或招办完成的。具体的投档规则,诸如投档次序、同分比较等早在高考前就公布,所以我们经常会提醒考生要认真研读招生政策和实施办法,用足够的政策支撑帮助志愿填报。近20年来的高考志愿投档都是通过计算机网络系统实施的,尽管有数百所高校、数万或数十万考生参与志愿投档,投档政策及规则的科学性与准确性也是得到充分保障的。当然为了增加本省考生被更多院校录取的机会,这个阶段都会设置一定量的模拟投档环节,通过与高校的反复沟通,提高本省考生的录取率。

院校把握招生的录取环节,通过审核投档到本校考生的专业志愿、综合素质评价报告等信息开展录取工作。高校的录取完全遵照预先公布的招生章程进行,并依此进行专业录取。外省市院校通常安排的招生计划有限,录取工作就比较快速。但对本地院校来说,由于招生数量庞大、招生专业多样,录取过程就相当复杂,要尝试多种方案方能得到对大多数考生比较有利的结果。现在发生志愿退档的情况极少,但遇到体检问题、单科限制、不服从调剂等刚性因素,仍会出现退档情况,那是很遗憾的。

高考招生,我们的重点往往在高考上,多年的努力奔着高分而去。但高分的目的是进入理想的高校,所以我们要更加关注招生录取的各个环节,诸如招生计划、志愿填报、志愿投档、录取审核等,以提高考试分数的有效性,实现理想的升学目标。

原载于2018年7月15日《上海中学生·高招周刊》

从两校"求贤"看大学招生

　　上周,我在同一天分别接待了南方科技大学陈十一校长和香港中文大学(深圳)徐扬生校长,两位校长详细了解了上海实施的新高考录取方案,并表达了要加大宣传力度、招收更多上海考生的愿望。作为中国科学院院士的陈十一校长和作为中国工程院院士的徐扬生校长,不仅在本专业领域堪称大家,而且对大学人才的培养也都有独特的见地。这次他们两位各自带领学校招生团队亲临上海,与学生交流,与媒体接洽,充分表达了自己的诚意,令人敬佩。

　　如同我在上期《沪考新语》中引用的德国哲学家雅斯贝尔斯的观点:大学是一个由教师与学生组成的致力于寻求真理之事业的共同体,这是考量大学最根本的标准。两所大学在这方面为我们树立了标杆,他们的师资队伍水平、学生人数与教师人数之比,以及优质的教学科研条件和学生学习生活环境等,无不体现出以学术为导向的人才培养目标。

　　从 20 世纪末开始的中国大学扩招,使得相当多的高校升级换代,并且催生了一大批民办高校。尽管所有的大学都以世界一流大学为建设目标,但不可否认,无论是老学校还是新学校,10 多年来面临的问题依然是办学体制突破、办学机制转型等,离想象中的人才培养质量提高的目标还相当遥远。倒是随后兴起的一批高校,如南方科技大学、香港中文大学(深圳)、上海科技大学、上海纽约大学等,更加聚焦学生培养质量和学术研究水平,办学思路清晰,学校发展迅速。当然,这既源于这些大学学术立校的初衷,也源于教育部给予办学自主权的政策支持,比如允许他们享受自主招生、综合评价等招生政策。

　　两位校长在交流中对招生中普遍存在的以分取人的录取方法表达了忧虑,认为这既阻碍了高校学科水平的提高,也影响了广大学生的学术成长,所以两校均实施通过综合评价方案考查学生,更加关注他们高考以外的认知与能力。另一方面,两位也明显感觉到考生和家长普遍对本科培养的理念和学生成长的路径缺乏理解和想象,由于大学招生实行总分录取模式,国内大学之间的区别仅仅反映在录取学生高考总分的差异上,而在其他方面所表现出的同质化更为严重,这与他们这类新办学体制下的高校是有本质区别的。

当然,随着时间的推移,社会对大学的认识将日益进步,这方面最为典型的例子莫过于宁波诺丁汉大学了。学校创办之初,由于学费、认知等原因,不受考试和家长的待见,招生形势一般。随着学校办学质量为更多人所知,现在的招生录取分数和以往不可同日而语。实际上,学校没有变,办学模式也没有变,但是社会变化了,考生和家长的认知变化了。而对于当年的先知先觉者而言,确是很好地抓住了机会。

所以,新的教育资源为考生创造了更多的选择机会,但机会总是留给那些有准备的人的。

原载于 2017 年 4 月 14 日《上海中学生·高招周刊》

由"5·12"想起那年的四川高考

今年是"5·12"汶川特大地震发生 10 周年,笔者当时正担任大学的招办主任,对那年的四川高考记忆犹新。

由于部分地区的灾情严重影响了 2008 年普通高考,为确保考生安全,维护考生利益,四川省决定成都市、德阳市、绵阳市、广元市、雅安市、阿坝州等 6 个重灾区中受灾严重的 40 个县(市、区)延期举行高考。当时媒体报道重灾区考生参加高考的情景,再一次感动了全国人民。约 12 万地震灾区考生参加了延期到 7 月 3 日至 5 日举行的高考,有78%的考生在本地活动板房参加考试,有 15%的考生在本地经过抗震鉴定合格的教室里参加考试,考场门上都张贴着"逃生自救办法"。让人印象深刻的一个考场是由厂房改建的,8800 平方米的考场容纳了2000 名考生,还有部分考生因为伤残接受救治而只能在医院的"特殊考场"参加高考。

全国招考战线也给予四川很大的支持。招生院校除向灾区考生送去贴心服务外,还按照延考区和非延考区考生人数比例分设四川的招生计划,并通过投放预留招生计划以表示对全省考生的关心,许多重点大学还专门针对受灾考生制定录取政策以加大照顾力度。这样的关怀延续了好多年,那位颇受媒体关注的"可乐男孩"就是以抗震救灾优秀少年的身份在 2009 年被上海财经大学免试录取的。

汶川大地震如同其他发生的重大自然灾害,强烈激发了人们对生命的渴望与尊重。救助现场,无论是救援者还是被救者,大家重复得最多的一句话就是:活着就好。山崩地裂当头,人们深切感受到了生命本来的意义,地位、财富……其他一切的一切都真的成了过眼烟云,只要活着就好。

可是没过几天,延考区与非延考区的考生家长就为招生计划的分配展开了争论,都觉得自己吃亏了,强烈要求公平。由于两个区域是两次考试,考试的试卷不同,试题的相对难度不同,延考区和非延考区的录取分数线自然不同,也就没有可比性;延考区和非延考区的招生计划由高校根据两个区域考生人数按比例分别确定,录取时按各自的分数线同时分别投档,实际不存在不同区域相互竞争招生计划的问题。现实就是这样,人们总是追求可见的最高利益,争取最有利的结果,这或许是人对环境适应的原始本能,也是形成社会阶段性发展和区域性发展的动力。尽管这样的追求和争取往往远离生命的本质,但除非面临生存危机或发生天灾人祸,谁也不愿意回到生命的原点。

回顾 10 年前的四川高考,既是纪念,也是鞭策,鞭策我们不断提高教育事业发展水平,满足人们对教育更多的期望。

原载于 2018 年 5 月 18 日《上海中学生·高招周刊》

领先时代的统计学

上周末,复旦大学统计学系举行了成立 80 周年的活动。学界的庆祝方式是一系列高质量的报告与分享,由活跃在学科前沿的大咖介绍统计学领域的最新学术成果,还有在各界工作的系友传递统计学的应用进展。

复旦大学于 1938 年设立统计学系,以训练专门人才为宗旨,开创了我国大学建制中有统计学系的先例,在世界大学的系科设置中也是相当超前的。改革开放后,复旦又率先于 1983 年恢复数理统计专业的本科招生,1984 年建立统计运筹系,重新具有了统计学系的建制。

笔者 1983 年复旦本科毕业后就在统计专业工作,熟知最近 30 多年的统计学发展。20 世纪 80 年代的社会大众尚无法理解统计学。记得有一年参加大学招生咨询会,有家长指着统计学专业的名称对孩子说,统计就是我们厂里每月登记工人的劳防用品发放数量。20 世纪 90 年代初经济低迷时期,类似数理统计这样的专业名称也很难被考生待见,连香港大学也为此把精算作为统计专业名称的一部分,期望通过保险业取得大众对统计学的好感。统计学在中国的真正普及得益于股票市场的开放,在全民炒股的年代,股票市场经常大起大落,人们真切感受到了"今天不知明天"的市场经济特性,这时才发现有一门数理统计的学科是专门研究这类"不确定"现象的。此后,证券市场开始大量接收统计人才,原先在政府机构工作的统计学毕业生也找到了用武之地,纷纷跳槽进入证券业。随之,基金、期货、风投、资管、精算等也迎来了大发展,这些行业成为大量吸纳统计学毕业生的主要领域。如今,网上经常能看到有关中国专业基金经理人的统计分析,名列前茅的复旦系经理人基本都是统计学系的毕业生。最近 10 年,互联网、大数据和人工智能正改变着我们的生活,作为专司数据研究的统计学科更是成了"显学",相应的专业人才也具有了更广阔的发展前景。

　　统计学专业从无人问津到成为大学招生和毕业求职热点的过程，反映出来的是中国市场经济的发展历程。计划经济年代，一切都在预期之中，我们的五年计划就是典型代表，只需要报表统计即可实现管理，当时大学的统计学专业其实都仅限于报表统计分析的范畴，而真正的统计学只能蛰伏于大学的应用数学学科中。随着市场经济发展，经济金融、社会管理的不可预见性成为常态，与之相适应的对统计方法和统计人才的需求也就显现于各行各业。从发展趋势分析，生物制药、质量控制、政府管理等将成为统计学进入的新领域，因为我们面临的发展不平衡不充分的矛盾突出，急需提高这些行业或领域的市场化水平和管理效率，这也是被发达国家的发展所证实的。

　　学科专业的发展与经济社会的发展相辅相成，认识了经济社会发展的规律也就把握了个人学术和职业的发展空间，这是过去 30 多年统计学发展带给我们的启示。

原载于 2018 年 5 月 25 日《上海中学生·高招周刊》

第三节 大学的评价

浅议大学新生的学业表现及评价

我国实行统一高考制度,高考分数是大学录取新生的基本依据。通常认为高考分数反映学生的学习能力,所以高校都希望录取高分考生,这也能在一定程度上体现学校的生源质量。由于全国各地区的差异,各省份的高考试卷并不相同,带来高考成绩的分布也各有不同,即同样的高考总分在各省有不一样的意义。即使是采用同一套试卷,在不同省份所得到的成绩也不一定具有可比性。以 2018 年秋季高考采用同一套试卷的湖北、江西、山西三省为例,文理科均超过 600 分的考生人数分别为 17756、12756、5692,在各自省份高考报名人数中占比分别为 4.75%、3.36%、1.87%,但因为实施分省计划招生模式,所以各省的高考录取自成体系,互不干扰。

学生进入大学,接受同一大学或专业的培养,学业表现的评价是通过学生完成既有课程所取得的平均成绩绩点 GPA(Grade Point Average)来反映的,由于入学第一年的课程具备相当的共性,所以第一学年的 GPA 成为评价新生最好的学业质量指标,也成为大学评估各省生源质量的基本方法,这也是对不同省份高考总分评价的补充。

不管是高考分数评价还是 GPA 评价,对特定群体采用的都是相同的评测时点,统一高考自不待说,GPA 成绩也来自每门课程的统一考试,所以就特定的学生个体而言,其在这一评测时点所掌握的知识水平与学习能力是一定的,依赖于其天赋与以往所接受的教育。而统一高考限于其规模与作用,会特别在意保持评测总体的稳定性,如用试卷难度系数作为控制指标等,所以测评结果更多表现考生掌握知识的整体水平,这也是高水平大学为何不满足仅有统一高考方式进行招生录取的重要原因。相对而言,大学课程的测评可以更多地发挥教师的自主性,发现学生的学术特长,虽然也会存在试卷的质量问题,但总体上的学术性毋容置疑,所以类似 GPA 的大学成绩综合评价更具说服力。

之所以大学新生会有不同的学业表现,一个重要原因是学生各自所受高中教育的课程标准并不相同。比如,在全国高中数学课程标准中被列入必修或必考的最小二乘法、几何概型、导数及其应用、定积分与微积分基本定理等知识点或内容,以及全国高中物理课程标准中列入必修或选修的运动的合成与分解、力矩平衡、动量及动量定理、法拉第电磁感应定律、光学中的折射定律、狭义相对论、广义相对论等知识点或内容,上海在教学及考试中都没有提出要求,这种差别在高考中可能无法体现,但在大学的学习中会显现出来。另一个原因可能是所受高中教育的基础环境与条件不同,最有可能的就是省际教育资源配置差异,导致最终的高考成绩有明显落差,这也应该是产生"高考移民"现象的原因。

我们的基础教育有课程标准,有教研活动,有学习指导,但在考试评价方面缺乏有效的工具与方法来制定出统一可参照的评价标准,也没有为每个学段的教育设定清晰的学业水平评价标准,更没有办法界定大学教育与高中教育对接的基准,这使得班级之间、学校之间,甚至省市之间充满竞争,教育愈发应试化。而仅凭试卷难度系数是无法控制或评价如水涨船高般的学生学业水平达成度及其承受的学业负担的。

上海实施的新高考实践,通过对普通高中学业水平等级性考试科目设置等第赋分制,有效控制了测试难度,均衡了科目之间的竞争性,为在日常教学中拓展学生知识面、提升学科综合运用能力留出了时间与空间,创造了全面培养学生的新模式。随着全国高中新课程标准的实施以及新高考试点省份的扩大,特别是高中教育投入的增加,势必将进一步统一与提高学生的培养质量标准,整体提升大学新生的学业竞争力。

原载于 2019 年 4 月 12 日《上海中学生·高招周刊》

认识大学培养的评价标准

随着本科录取结束，大部分考生收获了大学的录取通知书，开始憧憬未来的学习生活。我们已经经历的中小学教育是分学段实施的，每个学段的设置与学生心智成熟程度、知识学习和能力培养的具体要求紧密联系，其目标是把一个依附于父母的孩子培养成为具备独立生存能力的社会人。进入大学，作为一个刚离开家庭和学校贴身庇护的学生，就要面对更大的校园、丰富的藏书、多彩的社团，还有来自五湖四海、带着不同方言和习俗的同学和老师。大学生活的开始往往充满了好奇，教学模式与生活方式的转变等都是大学不同于中小学的成长模式。

但对大学最为重要的认识远不止于此，按照德国哲学家雅斯贝尔斯在《大学之理念》中的定义，大学是一个由教师与学生组成的致力于寻求真理之事业的共同体。即大学的本质是一切围绕高深知识的传播、加工与创新而展开的教学、研究、管理、服务等社会关系的总和，其最基本的功能就是学术活动。因此我们对大学、对身处大学中的每一位教师和学生的评价标准始终是学术标准，具体到学生的评价，所指向的是学习成绩、科研能力、学术水平。

学习成绩当然是学生身份的最重要标识。与我们在中小学主要接受与升学考试有关的课程教育不同，大学的课程涵盖了太多的领域，人文科学、社会科学和自然科学的课程都会出现在我们的课表中，每门课程的授课方式不同、难度要求也不同，但都很重要，每门课程的成绩都将直接影响个人的总成绩，这是因为大学广泛采用了学分绩点的成绩制度，以平均绩点作为学生学习成绩的代表，所反映的是学生综合的学习能力。科研能力是指分析问题与解决问题的能力。我们所学习的诸多理论和专业知识必须应用于实际问题的分析与解决，可能是理论模型的验证、现象的归纳、逻辑的推理等，包含了从点到面、从规律到个案的分析研究与预测,其结论的支撑又往往源于具体的实验室工作、田野调查或大量的资料阅读与收集,评价学生的科研能力主要是衡量学生在多大程度上具备了上述的科研体验或经历。学术水平是指在特定研究领域所达到的理论高度。每个领域的研究从起点、方法到结果都具有国际比较的标准,比如学术界公认的《科学引文索引》(简称 SCI)、《工程索引》(简称 EI)等所收录的论文通常代表了各自领域最领先的学术研究成果。通过大量国际权威杂志论文,我们能够了解学术发展的现状,尤其是对主流研究领域的认知,使得学生在大学的专业学习中能始终以最高的标准要求自己。

或许上述要求对一个大学生来说有些高了,但事实是我们的周围总存在这样一批榜样。在今年复旦大学的本科生毕业典礼上,来自数学学院的金羽佳同学的"本科成绩单"让大家惊讶不已,她的平均绩点 3.93,数学专业课全 A,连续获评国家奖学金,获得丘成桐数学竞赛团体铜奖、大学生数学竞赛上海赛区一等奖、美国大学生数学建模竞赛一等奖,在理论领域期刊上发表 SCI 论文一篇,在国内顶级期刊上发表核心论文一篇,等等。她就是在进入大学后,坚定决心走学术道路,刻苦钻研,尽其所能,不浪费一分一秒,使优异的课业成绩和学术成就水到渠成。

大学是一个新的开始,我们的学生有上海基础教育的优势,但要在更大范围的群体里脱颖而出,除了天赋和基础,更需要明确自己的学术兴趣或学术目标,并为之付出,以不辜负大学这座象牙之塔。

原载于 2018 年 8 月 1 日《上海中学生·高招周刊》

第五章

学生多元发展

第一节　成长的多样性

社会有责任促进学生成长的多样性

每个孩子都是独一无二的。当他们降临人世的时候,父母的感受一定十分深刻,相信自己的孩子一定与众不同,一定能出人头地。当然,责任感也驱使家庭尽其所能为孩子的成长创造条件。由此看来,因为家庭、父母等环境的不同,孩子们的成长理应丰富多彩、各不相同,但我们通常只能在孩子出生到学前这个阶段看到这样的情形。

从小学开始,这样的成长多样性就被打破了。因为相同的课程内容、相同的教学过程和相同的评价标准,在一个有限的群体里,个体之间开始被相互比较和排序,由此带动了个体向共同目标的努力,以期在评价中被认同,获得领先位置。各种早教、小教的校外培训,如拼音培训、英语培训都反映出这样的需求。当面临小学升初中、初中升高中这些重要阶段,父母进一步把比较的群体从有限的班级群体或学校群体放大到了上海同年级的所有学生。这就是一系列竞赛大行其道的原因,因为全市性的竞赛结果提供了一个以所有人为参照的排序可能,也导致学生自由成长的空间和时间全部被课外的培训所占据,学生的教育、培训、成长也愈加趋同。

之所以形成高度统一的学生成长模式,首先当然是优质初、高中学校单一的招生方式所致,也有高水平大学招生范围过分狭窄的效应作用。另一方面,也说明上海基础教育的均衡发展还没有达到社会满意的程度,任重而道远。高中尽管是选择性教育,但在上海这样一个以建设国际大都市为己任的城市,高中教育是社会发展所需,也是大众的基本教育需求,某种程度上也可视作义务教育或其延伸,所以高中教育的基础性和完整性是首先要被关注的。从中外历史看,所谓"少年英才""神童"是存在的,但是可遇不可求,绝不可能通过某种教育方式来批量生产。正常的教育就是能为不同特点的学生提供合适的成长环境,那种没有自由空间的训练绝对不能算是教育,而且有害于学生的终身发展。

设想一下,同学们既要经受学校高密度的教育,还要附加家长高强度的训练,理应朝气蓬勃的青少年没有自身成长的时间和空间,只能以统一的方式呈现于社会,那是非常恐怖的! 正像生物多样性保证了地球生命系统的稳定,人的多样性也是社会可持续发展的基本条件。以这个观点为出发点,我们现在共同要做的就是重新定位中小学教育,让学校教育、家庭教育、社会教育回归各自本源,只有这样才有利于学生成长,才有利于社会进步和发展。

原载于 2017 年 2 月 24 日《上海中学生·高招周刊》

认识成才目标和路径的多样性

随着本市高考录取进入尾声，许多人关注到高职（专科）的录取控制分数线并不高，类似的情形在北京、天津等地区同样存在，也有省份已经采取了注册入学方式，相信今后若干年就读高职（专科）学校会变得更加容易，那么学生在高等教育大众化背景下的成才目标和路径是否有所变化呢？

我们熟悉的学生受教育路径是义务教育、普通高中教育，然后参加高考，再依据高考成绩进入大学接受本科教育或专科教育。目前大部分学生能升入本科院校就读，接受专科教育更是不在话下。以如今的高等教育规模，除顶尖大学承担学术性人才培养和研究的主要责任外，其他高等院校承担应用型人才培养责任，直接作用于经济社会的发展。2015 年发布的《上海高等教育布局结构与发展规划（2015—2030 年）》和《上海现代职业教育体系建设规划（2015—2030 年）》就明确了本市大多数院校以应用研究、应用技术和应用技能的人才培养作为办学的主要任务，引导人才培养转向满足行业企业技术技能的需求。

在高升学率的现实环境下，就读于顶尖大学的学生应该以学术研究为己任，而更多的学生通过高等教育完成思想上、技术上和能力上的准备，更自信地参与社会和职业领域的竞争。但现实是大多数学生和家长受到类似"学好数理化，走遍天下都不怕""学而优则仕"等传统思想的影响，仍然以"成才成家"的传统精英模式要求自己。我们经常看到学生评价自己高考的用词是"考砸""意外"等，以现在的升学率和高考模式，由于"考砸"或"意外"而没能进入理想大学实在也是不容易的，实际是不愿意承认自身在知识学习方面所处的弱势地位，这样也就难以考虑其他的成长模式或路径，阻碍了自身进一步发展。

人的天赋不同、成长环境不同，导致其思想、技术、技能在不同领域的发展也不同，对单一领域（如知识学习）的追求并不能达成同样的成功,因此必须寻找和尝试不同的发展道路。前段时间,媒体关注到本市中招的热点是"中本贯通招生持续火爆",反映出选择职业道路的学生对中本贯通读本科报以的极大热情,报道也引出了对不同升学路径比较的争论,诸如通过中等职业教育进入高等职业教育,还是通过普通高中教育进入高等教育,等等。实际上,我们面临的问题在经济发展较早的香港、台湾等地区也都曾出现过。

经济社会转型发展到一定时期,社会对人才的需求呈现多样性,无论是学术研究、实体产业、社会服务,甚至演艺歌唱等,凡有特长、技能的人才都有其生存发展的空间,这与学生各自不同的天赋、兴趣、爱好正好吻合;同时,这个阶段的高等教育在类型、体系方面也逐渐完善,顺应了各类人才的教育培养,应该说我们也开始进入了这样的阶段。所以,社会发展不仅对传统的中等教育和高等教育提出了新要求,而且更多考验的是广大学生和家长的认知与判断能力。

原载于 2017 年 8 月 12 日《上海中学生·高招周刊》

硕士招生考试与中职学校学业水平考试

上个周末举行了全国硕士研究生招生考试,其中关于报考人数超过 200 万的新闻引起了关注。上海也有同样的感受,考研人数居然超过了高考人数,虽然部分原因是统计时第一次包含了在职攻读硕士联考的人数,但还是值得讨论一番。

按照国民教育体系,从学前教育到高中教育为基础教育阶段,通常对适龄学童应该是全覆盖的,至少九年义务教育是法定必须完成的,然后少部分学生通过统一高考进入高等教育,再有极少数学生进入研究生阶段教育,那真的是凤毛麟角了。研究生报考数量的显著增加,至少说明了高等教育的发展,因为研究生教育对学校培养条件的要求更高,诸如师资队伍中的教授、副教授人数,极具水平和特色的教学、研究环境等;同时,报考数量的增加也反映了需求的增加,可能是社会需求,也可能是学生自身的需求。

对于考研需求增长的分析通常都引用以往的研究结论,一般指经济发展迟缓情形下教育、文化方面的需求会表现得比较旺盛。曾看到一篇分析文章,特别提到今年东北三省研究生报考人数的比例和增长,并将此归因于东北经济发展滞后。但这个论证还应细分报考群体,因为在东北报考的学生并不一定是东北的常住人口,或许仅是在那里上大学,正像上海考研人数多的一个原因是上海的高校比较多,导致了应届本科生报考研究生的人数比较多。考研人数增长的另一个原因是学生不满足于先前接受的本科教育,无论是学校的名气还是质量都无法支撑他们自信地进入职场或具有较强的竞争力,因此也引出了诸多通过考研逆袭名校的案例,一部分人不得不回到学校以期再次通过教育来改变命运。但就这点再作深入思考,问题还是经济社会发展不够充分,这么多毕业生不选市场选学校,反映目前的环境还无法让各类人才或劳动力各得其所。

上个周末还同时举行了上海市中职学校学业水平考试,表明新形势下职业教育的培养目标逐渐清晰,质量体系也开始重建,即以基本的学术标准和实践能力作为职业教育的评价目标,这对于职业教育走出困境、办出特色是大有益处的。从近几年招生看,老百姓对于职业教育的认识与国家的期望还相距甚远,现实情形是一般本科培养出来的学生尚无自信能在职场上具备竞争能力,更何况职业教育的学生了,这既反映出职业教育需要明确定位,也需要职业市场大力增强接纳能力。

似乎风马牛不相及的教育两端——研究生教育与中职教育,其实都指向同一个道理,那就是加快经济社会发展以扩大职业市场对不同类型毕业生的需求才是根本。教育发展依赖于经济社会发展,这是经济社会发展规律所决定的,所以发展经济、发展民生是社会发展的基础,也是教育发展的基础所在。

原载于 2016 年 12 月 30 日《上海中学生·高招周刊》

第二节　高三的任务

高三的任务

新学年迎来了新一届的高三学生,他们将是整个学年最受关注的群体,不仅要完成全部高中学业或者说整个 12 年的基础教育,还将面临进一步接受高等教育的升学抉择,因此"高三"也是学生时代最为辛苦的代名词。

完成高中学业是高三的基本任务。2014 年实施的高考综合改革明确了高中阶段的教育任务。按照《上海市普通高中学业水平考试实施办法》,学生必须通过 13 门科目的高中学业水平合格性考试,这是取得高中毕业证书的基本要求,也是报考本科院校的必备条件,其中 3 门科目的高中学业水平等级性考试成绩将计入高考总分,作为大学录取的依据之一。值得提醒的是,高中学业水平合格性考试和等级性考试有其自身独特的要求,相信经历了新高考实践的高中学校与教师能够协助同学们制订出合理的学习计划,开展科学的训练。另一方面,《上海市普通高中学生综合素质评价实施办法》也具体规定了高中学生应该达到的培养要求,如必要的党团活动、社会实践的学时数,特别是反映个性特点的研究性学习成果和体育、艺术成就等,都将是一个全面而有特长高中学生的完整呈现。因此,在教师的指导下,全面梳理高中学习生活,安排进一步学习的计划和必须完成的培养内容,将是决定高三能否顺利完成学业并取得好成绩的重要基础。

实现理想升学是高三的追求目标。"两依据一参考"是新高考改革的核心,其中语数外 3 科的统一高考占有特殊的地位,奠定了学生在这一群体中的相对学术位置,通过目前阶段的强化学习以取得高考好成绩是高三学生最为关注的。同样,充分地理解课程标准、了解考试说明、熟悉教材以及拓展训练,也是取得高考好成绩的必要条件。与考试相辅相成的升学路径选择将是高三更为重要的抉择,如春考招生,尽管录取人数不多,但招生高校质量高,招生方式有特点;艺术类和体育类专业招生,除去专业测试的高要求外,也能实现更高的优质高校升学目标;而专科自主招生为相对定位准确的学生提供了先期选择的机会。即使是我们称之为统一高考的秋季招生,也有前期高水平大学的各种各类自主招生选拔测试,以及综合评价批次录取、提前批次录取、统一批次录取等各种选择。在高录取率的大背景下,多元的升学路径也是对学生选择能力的考验,所谓的理想升学就是寻找到满足自身条件的目标高校。

诚然,对本届高三学生而言,新高考已经不"新",但相关政策依然在完善中。就本届高三的艺术体育类考生而言,平行志愿填报方案的出台将是年度最大的利好信息。

每年的高三都充满了挑战,每一年的前景也都光明,当然努力拼搏必须是标配。

原载于 2019 年 9 月 20 日《上海中学生·高招周刊》

方向、路径、选项？

近日，上海市教委分别公布了《关于做好 2017 年上海市普通高校招生报名工作的通知》《2017 年上海市普通高校春季考试招生试点方案》两个文件，上海市教育考试院也在此基础上公布了实施办法和报名通知，后续还将发布高三学业水平考试报名文件，上述文件所传递的信息量都很大，值得各位同学和家长、教师认真研读、领会。

对应届高三同学来说，两年多来遇到了诸多新鲜事。刚进入高中就遇见了深化考试招生改革文件的发布，原本以为高三才会碰到的高考改革，结果是高一结束就要参加学业水平合格性考试，还要走出校门完成社会实践的学时要求；到了高二要选择 3 门等级考的科目，而且是在全新走班模式下完成学科学习，还要考虑是不是该有些课题研究的学习经历；到了高三也不是以往那种毕业班纯粹的复习测验，而是选考科目正常的课程学习，等等。简单回顾一下，高中的学习一直处于不断选择和实践的过程中，学生真切感受到考试招生改革所带来的不同以往的高中教育模式，当然有时难免也有做"小白鼠"的感叹。

打开高考报名网页，发现有那么多的选项，真有点不知所措。春考、秋考、艺考、体育考，外语一年两考到底是考一次还是考两次？考一次的话到底是考哪一次更为有利？似乎哪条路径都是机会，都很难选择。多年来，得益于稳步推进的上海招考改革，分类考试、多元录取的格局初步形成，所呈现的就是各种不同类型的招考方案，对同学而言就是要面临各种纷繁复杂的选项，当然对大多数同学来说或许并没有多大的变化，因为有些招考方案在规模、内容上还是极其有限的，如参加春考招生的高校和专业显然不如秋考那样丰富，秋考中的综合评价批次、招生计划和高校数量也都很有限，但这些小众的招考方案至少为不同的群体打开了可选择的升学或发展路径，这也正是学生全面而有个性的培养理念的制度性保障。

不过,2017年的高考报名不仅仅是高考路径的评判抉择,还要联系尚在进行中的高中学习过程。等级考科目的确定可能会影响大学专业的选择,通过合格考科目的多少可能会影响高考升学的路径,综合素质评价报告的质量可能会影响校测录取的结果,等等。这次的考试招生改革真正贯通了高中教育与高考升学,把当前的"教和学"与未来的发展进行了贯通,这是教育界多年的期盼了。由此,提示我们的基础教育不仅要组织学生埋头学习,还要经常带领大家抬头看路、远望目标,只有这样才能将同学的现在与未来相联系,这也正是基础教育的价值所在。

原载于 2016 年 11 月 11 日《上海中学生·高招周刊》

仅高考的"临门一脚"还不够

春节刚过,市委书记韩正、市长应勇就前往市教委调研,提出"严而又严、慎而又慎、细而又细做好今年本市高考综合改革试点各项工作"的要求。两位领导都指出,上海高考综合改革试点"三年磨一剑",已经到了最关键的时候,要牢牢把握好方案设计、志愿填报、录取流程以及自主招生、系统安全等重点工作环节,加强宣传和引导,确保万无一失。

从 2014 年 9 月启动的本市高考综合改革,两年多来的实践主要是在高中教育培养阶段,高中学业水平考试方案和高中学生综合素质评价办法的实施有力推动了高中教育教学改革,诸如选科走班、学分学程、社会实践等现代高中教育的基本元素为广大师生所熟悉,也在上海高中教育中有了更多的实践。

2017 年,高三同学就将携学习成果参加新高考。从同学们的角度看即将到来的高考招生,至少要经历自选 3 门科目的学业水平等级性考试,语文、数学、外语 3 门科目的统一高考,以及高校志愿填报和高校投档录取等阶段,每一阶段都极其重要且必须全力以赴,显然我们通常所说的仅有高考"临门一脚"是远远不够的。

按照新高考方案,同学们的高考总分由 3 门统一高考科目的分数加上自主选择的 3 门学业水平等级性考试科目的分数构成;高中学业水平等级性考试将安排在 5 月举行,统一高考安排在 6 月举行。尽管相当多的同学通过参加春季高考体验了新高考模式,并取得了高考外语第一次考试的成绩,但围绕上述两项考试的学习安排,还得依靠高中学校教师与同学们的通力合作方能取得有序又有效的效果。

按照新高考方案,同学们要进入心仪的高校专业学习,除了要达到录取分数线之外,还必须满足高校提出的专业招生要求(即对选考科目的要求)。这就要求同学们不仅对申请的高校有深入的了解,还要仔细鉴别专业的招生要求。从现在收集的信息看,大多数高校对专业选考科目的要求还是比较宽泛的,但作为基本的志愿填报规则,两者必须一致方可行。因此,建议考生家长与学校尽可能给予考生更多的信息与指导,不仅要关注高校和专业,还要延伸对相应学科研究和职业领域的了解,这样更有利于选择或决策。

招生录取的主体始终是高校。高校会积极向考生介绍学科、专业等信息,介绍学校的办学特色和培养目标,以及招生录取政策和规则,所有这些有价值的信息都集中反映在高校的"招生章程"中。根据以往经验,考生和家长更倾向于接受口口相传所传递的信息,而忽略"招生章程"的规范表述。但是"招生章程"是高校基于相关政策和本校实际所制定的规范性文件,是高校开展招生录取工作的基本依据,也是高校与考生之间建立录取关系的政策依据,考生在志愿表最终确认前必须对所涉及高校的"招生章程"有相当的熟悉。

毋庸讳言,今年高三同学的高考确实不同于往年,市、区各级考试机构有责任紧紧围绕广大考生和家长对高考改革的获得感、满意度这一核心,加强各个重点阶段和环节的宣传、引导,通过社会共同的努力,提升广大考生和家长对高考改革的感受度。

原载于 2017 年 2 月 17 日《上海中学生·高招周刊》

新一年的高考准备期来了

　　上周末,上海市教委发布了《关于做好 2018 年上海市普通高校考试招生报名工作的通知》,标志着新一年高校考试招生工作的启动,也提醒诸多高中、中职的同学开始进入了高考升学的准备期。之所以称为准备期,是因为离实际的考试招生尚有时日,但已经需要考虑具体的升学路径和必要的选择。根据近年上海业已形成的高考升学体系,有 1 月春季高考招生、3 月专科自主招生、5 月三校生高考招生、6 月统一高考招生等安排,还有外语的两考,以及艺术类、体育类等专门类别的考试招生项目,其所形成的各类考试和招生特点明显、形式多样,不同学生可以根据自身情况作出合理安排。

　　进入高考升学阶段,同学们在繁重的学业之外会平添许多烦恼,未来的升学结果似乎比考试成绩更难把握,焦虑情绪自然产生。但从历年数据分析,考生人数在近几年始终保持低位,而高校的录取比例和招生结构持续向好,这实际上也是全国高考招生的普遍状况,只是在上海表现得更加突出,这个现状决定了高考竞争将处于一个相对较低的激烈程度。同时,随着上海高考综合改革全面实施进入第二年,各项改革举措的知晓度和可预期程度也大为提高,"两依据一参考"的招录模式更加符合学生成长的规律,有利于考生发挥自身的综合能力或学科特长,可以说现阶段的高考招生对考生而言是恢复高考以来最为有利的。

　　当然,凡是考试招生都具有选拔性特点,好中选优是其基本特征,所以高考招生的竞争性是毋容置疑的。高考改革促使评判的标准由单一维度趋向多元,也使得考生更加难以判断参与选拔的结果;同时,经济社会的高速发展对高等教育提出了更高的质量要求,上优质大学成为考生升学的普遍预期,这又提高了升学的竞争激烈程度。从今年的招生录取结果分析,尽管高考改革推出了考生科目选择、院校专业组设置、考后志愿填报等诸多政策,但在促进考生综合培养、提高选择性的同时,也很好地保障了高校的招生质量,充分反映了考生对高校的认同,其标志就是各高校的录取位序保持了稳定。实际达成上述结果的主要原因是由高企的高校录取率所决定的,但同时也表明目前阶段确实是实施高考综合改革的最佳时机。

在这样一个高考准备期,考生除充分把握整体招生形势外,也要全面认识自身的学习状况和综合特点,通过分析每项考试招生与自身的相对优势,作出最合适的选择。在这个过程中,高中学校的升学指导工作有其独特的重要性,通过对招生政策、形势和具体办法的分析,形成对学生有针对性的指导,以此提高学生的升学质量,这也是国外高中学校成熟的办学经验。而我们这项工作更多是由不那么专业的父母来承担的,学校的升学指导工作还停留在传统班主任的角色定位或者虚化的生涯规划教育理念,缺乏实质性内容和实际效果。从高考改革的进程看,高中是否有专业的升学指导体系将在很大程度上决定学生未来的发展路径,这一点也必将成为区分高中办学质量高低的标志。

原载于 2017 年 11 月 17 日《上海中学生·高招周刊》

目的是升学而不是高考

近期正逢春考和艺术专业测试的报名、确认，听到有议论说哪个学校在动员大家都去参加春考，也有说重点学校的同学是不屑于参加春考的，还有分析说什么样的学生最应该参加春考，等等。因为春考和秋考的统一考试都是文化考试，似乎有可比性，也容易进行对照分析，比如考试的难度、招生院校和专业的类型等。

这样的讨论至少说明春考引起了很多考生和家长的关注，确实被它看作高考升学的一条路径，这从报名数据上也能反映出来。记得2015年，上海春考是第一次向应届生开放，笔者正在一所高中学校工作，看了一下往年的升学数据，注意到部分同学的录取结果与春考的招生学校是相当的，所以就主动邀请高校来做招生宣传，同时联系部分同学和家长前来听宣讲。后来有同事告诉我，个别家长接到电话的第一反应是觉得学校看不起他们，认为他们的孩子考不上更好的大学，所以拒绝前来。

这引起了我的思考。

高中作为基础教育的最后一个阶段，学生除了为进入社会做最后的完善之外，最重要的一个任务就是争取接受优质的高等教育，所以，除学业上的强化学习之外，客观认识自身的特点和水平以及研究大学的学科专业和招生要求并为之准备是必须的。但因为我们长期以来的统一高考太过强大，掩盖了大学不同的培养目标所引出的招生要求，也淹没了高中应有的更具个性的生涯教育或升学教育，使得大家都等待高考的最后一搏，很多高中学校也是为了激励同学们参加高考，片面地加以宣传，如"拼搏高考，今生无悔""高三高考高目标，苦学善学上好学""挑战人生是我无悔的选择，决胜高考是我不懈的追求"等等。十余年前，笔者做大学招生工作时，也有不少上海的优质高中学校是不鼓励甚至反对学生参加大学自主招生或出国读书的，说是怕影响学校复习迎考的氛围,我想真实原因是怕影响学校的高考平均分数吧。

我们的目的是升学而不是高考。在现今的经济社会发展环境下,无论是父母还是学校、社会,在条件允许的情况下,都希望下一代有更多的受教育机会,有更长的学习周期,以使家庭和社会有更美好的未来。但是受限于资源,各种类型的高等教育都设置了不同的升学条件,又由于完成十二年基础教育的学生也各自具备了不同的发展特点,由此,高等教育的升学模式也必然被要求多样化,这也是社会发展的结果。既然如此,寻找适合的高等教育及其路径就是高中教育这个阶段的主要内容,其标准无非就是优质的高等教育、合适的升学路径,或者说以最合适的方法获得最优质的高等教育。

在以往统一高考的招生制度下,有些特点的艺术类专业的招生因为其不同于统一文化考试招生的模式而受关注。上海近两年的数据也显示,相似文化成绩的学生参加艺术类专业测试,其升学质量确实要更高一些。我想,就这些参加艺术类专业招生的同学来说,无论是发自内心的喜欢、有特长还是纯粹为了升学,就接受高等教育或者是接受优质高等教育而言,他们的选择是正确的,他们通过走艺术专业招生的路径获得了更优质的高等教育。当然,这也要求他们在更早的时候作出决定,需要在专业学习方面有更多的投入和坚持,这不是我们常人都能理解的。随着高考招生综合改革的推进,类似这样路径的选择会愈加多元,而不仅仅是考试科目的变化。

原载于 2016 年 11 月 18 日《上海中学生·高招周刊》

第三节　生涯规划

有质量的高中生涯规划与指导

新高考改革最为直接的影响是在高中教育中引入了更多以学生为主体的选择,学生的选学、选考、选实践内容、选招生项目等成为高中学习生活不可分割的部分,因此学生的生涯规划和指导也成为区分高中学校培养质量的要素之一。

以学业水平考试制度为例,它使得学生能够自主地从政、史、地、理、化、生 6 门科目中选择 3 门科目进一步学习,并参加学业水平等级性考试,此举不仅推动高中教学组织模式的重组,带动新的教师资源配置与评价体系建立,而且对学生完善知识结构、形成专业或学科思想也有极大的促进作用。同样,高中学生综合素质评价办法的实施,使得学生参加社会实践及志愿者服务成为刚性需求,进而推动了研究性学习的开展,其中,如何选择志愿者服务项目、实践活动内容以及研究性学习课题成为高中阶段培养的重要内容,促使学生在体验与成长的同时寻找到未来学业、专业、职业甚至人生的目标。所以,学生的生涯规划指导不仅要内容具体、丰富,且对学生升学路径的选择乃至未来职业生涯的形成也有重要的意义。

目前,与上述培养模式相适应的高校招生类型主要是秋季高考的高水平大学综合评价录取和春季高考的应用型特色专业录取,两者的招生规模也非常有限。就最为普遍的本科普通批次的招生录取而言,它以高考统一科目的考试成绩与学业水平等级性考试成绩所合成的高考总分作为高考录取的基本依据,辅之以考后平行志愿填报加以实现。

虽然学生不同的等级性考试科目组合会导致拥有同样高考总分的考生被录取进不同的院校专业组,但其差异仍非常有限。今年秋季高考24个院校专业组志愿的投档满足率就表明了这一点,第一志愿的满足率最高,然后依次递减,前10个志愿的累计满足率已接近90%。这说明在考后出分平行志愿填报模式下,考生基本上是把高考总分作为志愿填报顺序的依据的,并没有表现出"冲一冲"的强烈意愿,这样的"稳定"并不是我们希望看到的结果。

为了国家和个人的未来发展,鼓励每个学生接受优质的高等教育应该是学生和学校努力的目标,也是有质量的学校生涯规划与指导的目标。我们对上海今年的招考数据进行了初步分析,基于每个考生的高考总分与所录取高校的投档分数,可以获取每批次录取考生与相应高校之间的数量关系,并以此得出各高中学校的升学质量评价指数。从分析结果看,不同生源高中学校之间的学业水平差异,也会有效反映所录取高校之间的差异。但是,分析结果中也有"反常"现象,比如闵行区的古美高级中学、浦东新区的南汇一中、嘉定区的安亭高级中学、杨浦区的少云中学等,从学校生源分析都极其普通,但录取数据显示他们的整体升学质量名列前茅。同样也有相反的情况,某区一所市实验性示范性高中,近年来生源逐年向好,学生的高考成绩也不错,但所录取院校却多为本地一般院校。

新高考给基础教育提出了诸多新问题,过去我们一直视作指南的诸如"以学生发展为本""一切为了学生""为了学生的未来"等理念,现在都有了具体的、可比较、可评价的内容与方法,促使广大教育管理者回归教育本源,引领教育改革,办好人民满意的教育。

原载于2018年12月7日《上海中学生·高招周刊》

艺术类考生的升学之路

最近几周正在陆续举行艺术类专业招生的统一测试,这也是 2018 年高考最早进行的统一考试项目,从一个侧面反映出艺术类考生的辛苦,不仅考得最早,还考得最多。网上也能看到各种美术类统考的场景,冒着风雪、背着画夹画板等候入场的考生密密麻麻,体育馆里正在画画的考生人山人海,还有画作铺满地板的阅卷现场,等等,让人看了感觉十分震撼。

从近年的上海招生录取数据分析,每年报名参加各项艺术类(美术与设计学类、编导类、音乐学类、表演类、播音与主持艺术类)专业招生考试的学生在当年考生中占比超过 13%,其中美术与设计学类考生通常占 80%左右,不过 2017 年编导类考生数量增长明显。通过艺术类专业测试的考生中被本科院校录取的比例近年来也是稳步上升,2017 年达到 76%。另一方面,高校着眼社会需求的多元化趋势,十分重视艺术类专业的招生,招生学校和招生计划都有上升势头,而上海艺术类考生的综合素质也得到认可,其佐证之一就是每年本科录取的增量中,高校的艺术类专业招生计划占了相当大的比例。

随着生产力发展,农业、工业及服务业的产业发展呈现鲜明的不同形态,与此相适应的社会发展也具有各不相同的特点,从满足温饱的基本生存所需、建设重工业和轻工业的发展所需,再到精神文化的个性所需。如今,国家号召大众创新、万众创业,其意义就是需要更多具备创新意识的青年人和具有创新元素的新型产业,方能实现经济社会发展的突破和转型。实际上,我们从以往高等教育的发展也能看出这一特点。20 世纪五六十年代,我国高等教育主要发展理工农类院校,如今则更注重综合性大学的建设与发展,重视人文类、艺术类学科的学术研究与学生培养,这或许也能解释在近年高校招生录取率普遍上升的同时,艺术类专业实际录取率的稳定提升。

　　学生参加艺术类招生必须要有相当的专业水准,这就决定了考生要有较好的专业基础,当然也有同学会觉得参加艺术类专业的报考更有把握进入心仪的高效,即便如此,学生也被要求在进入高中时就开始接受艺术类专业的教育与训练。所以,学生报考艺术类专业是需要提前作出决定的,并且在过程中投入足够的时间与精力,才能取得专业水平的提高以及保持学业成绩的稳定,只有这样在招生录取时才具有竞争力。因此,选择报考艺术类专业的同学通常比一般同学更有主见,他们需要在综合评判自身条件后才能确定自己的目标,同时他们也更具有坚持的恒心,因为只有持续的努力才能达成目标,而学生的这些特质恰是目前的教育培养户所忽视或者不够重视的,所以相比较而言,艺术类学生更能够适应未来的竞争。

原载于 2017 年 12 月 15 日《上海中学生·高招周刊》

周有光等大师们的成就对我们的启迪

1月14日白天,传来了刚过完111周岁生日的周有光先生过世的不幸消息。周老逝世的新闻之所以在网上刷屏,我想一是高寿,古话说"人生七十古来稀",现代社会使得七十、八十不稀奇,但能过百岁且是百十岁那是凤毛麟角了;另一原因是其成就着实让人无法企及,周老20世纪50年代设计的拉丁字母《汉语拼音方案》奠定了中国语言文字改革的基础,他也被称为"汉语拼音之父"。

周老于我有特别的意义。

在复旦工作时,我曾主持《雅言》小报,这一国内高校唯一宣传国家语言文字政策的报纸,也得到了他的关注。周老108岁寿辰时,《雅言》主编前往北京祝贺,为我求得由周老口述、张建安采写的《百岁忆往》一书,特别珍贵的是在书的扉页上,周老亲笔题写了"方贤先生指正"并落款"周有光2013.1.13时年108岁"。

这些天,我又静静地把这126页的书翻阅了一遍,似乎也在再次聆听百岁老人讲述过往人生。书中有一节讲他与爱因斯坦聊天,说道:"爱因斯坦有句话对我很有启发。他说:'人的差别在业余。'据计算,一个人到60岁,除吃饭睡觉,实际工作时间不很多,而业余时间倒是更长。通过业余学习,你可以成为某方面的专门人才。"周老本人的经历就充分说明了这点,他50岁以前的职业是教书兼在银行工作,以后方专门从事语言文字研究,成为大家。

由此,我想到诸多大家、大师起始学习的内容与最终的成就并不一致。

如赵元任,他是数学家、物理学家、心理学家、哲学家、语言学家、音乐家。有记载,赵元任从小就显现出惊人的语言天才,同时也兴趣广泛。在去美国留学的船上,他打算做个电机工程师;到了美国,想成为物理学家;在康奈尔毕业,获得的是数学学士学位;又在哈佛获得哲学博士学位。他在大学教过物理学、心理学、哲学、中文等,由于在语言学上的成就,被誉为"中国现代语言学之父"。

钱伟长也是著名的科学家、教育家。他自幼学习《史记》《汉书》,报考清华大学历史系,语文、历史均得满分,但是数理化和英文4科只考了25分。为实现报国理想,他转学物理,尽管基础差但并未退缩,从清华大学物理系顺利毕业,成为"中国近代力学之父"。

还有费孝通等国内外大家、大师,他们的成就为世人所景仰,但回顾他们的人生经历却多有转折,给予我们颇多启迪。

当然,大师之所以成为大师,一是天赋高或天资聪慧,正如爱迪生所说:"天才那就是1%的灵感加上99%的汗水;但那1%的灵感是最重要的,甚至比那99%的汗水都要重要。"这里说的灵感就是天赋,目前的研究尚不能告诉我们,这百分之一的天赋是靠家族遗传所得,还是靠外界环境习得?二是发自内心的兴趣或好奇心,这是个体学习、寻求知识的内在动机,也是所谓创造性人才的特征,他们会表现出乐意尝试、愿意努力,更容易达成目标,如周有光先生对字母顺序管理的兴趣,赵元任先生对语言学的爱好等;三是持之以恒、孜孜不倦,方能有所成就,如达芬奇画蛋、爱迪生发玥灯泡等故事无不说明了这一点。

我们一般人达不到周有光先生这样的高寿,可能也缺乏上述大师们的成长环境,但是如果我们的家长和社会能多一点宽容、多一点耐心,那么下一代成长的空间和成就也一定会大许多。而且以现代社会80多岁的人均期望寿命,只要有明确的目标,高中学生还有六七十年的时间可以钻研,不会没有成就!当然,无论如何,有一点是肯定的,一代总比一代强,这本身是社会发展的规律。

原载于2017年1月26日《上海中学生·高招周刊》

由诺贝尔奖所想到的

又是诺贝尔奖发布年度获奖信息的日子,这一科学界的重要奖项总是引起大家的关注。虽然没有了莫言,没有了屠呦呦,媒体处理得也极其低调,甚至仅仅出现一个奖项加上获奖者的国籍和姓名,其具体成就也没有任何披露,好在网络时代总有热心者会加以点评,才让我们有所知悉。

关注到诺贝尔各奖项获得者的成就,很多成果都是我们常人看不见摸不着的,或者说不是通常意义上"有用"的研究。比如今年物理学奖的引力波探测、化学奖的低温电子显微镜技术、医学奖的生物钟机理等研究,很难说这些项目在未来多少年就会改变我们的生活或社会。当然历史上也有些奖项是对社会经济活动产生重大影响的,比如集成电路的发明,也包括屠呦呦的研究,但其依然是对于研究对象工作机理的发现或发明,而不在于研究对象是否"有用"。

我们总有个疑问,国家的经济总量已是世界第二,科技发展同样为世界瞩目,"上九天揽月、下五洋捉鳖"已不在话下,高铁航母建设也是所向披靡,但诺贝尔奖项似乎并不眷顾我们。这其实是没有认清"科学"与"技术"的区别,通常表述"科学技术",或者用"科技"两字加以代表是极其不准确的,久而久之,"科学"与"技术"连成一体,令人分辨不清其中的差异,也使得很多人的认知水平受到限制,诸如我们感受到的诸多发展成就、生活便利,其本质是技术的成果。

再回到我们的教育,眼前,孩子是否有科学家的天赋并不是问题,我们的任务应该是保护他们的天性,保护他们对世界万物的兴趣,最好能帮助他们将兴趣发展成特长。但是我们或许很难做到这点,因为孩子一旦进入教育体系,就陷入了统一的评价,就会有标准答案来限定他们的认知,就会有统一规则来规范他们的行为,他们的天性在受教育的过程中或许会被磨灭。今年化学奖获得者之一的瑞士科学家雅克·杜波谢教授,14 岁时竟然是官方认定的失读症患者,设想一下他在我们的学校里、在我们的教室里,会有什么样的境遇。我们是否会因此惊觉,这么多年来到底是成就了天才还是扼杀了天才?

如同科学是充满想象的,在于发现、解释我们周围的世界,教育也是充满想象的,在于鼓励、成就我们的学生,这是所有成人和社会的责任。

原载于 2017 年 10 月 13 日《上海中学生·高招周刊》

认识基础研究的发展规律

今年诺贝尔科学奖项的公布日期恰与我们的国庆节重合，主流媒体相比去年有了很大进步，除发布预告或预测信息外，连续三天几乎是同步传递了生理学或医学奖、物理学奖、化学奖的评奖结果。

作为世界上最具含金量的科学大奖，但凡入选诺贝尔奖的研究成果，都已经或将会对科学与社会的发展产生重大影响，获奖者也在一定程度上代表了所在国家的科学研究水平，因此每年的评奖结果都会引起各方足够的关注。特别是获得今年生理学或医学奖的本庶佑，他是日本自 2001 年提出"50 年要拿 30 个诺贝尔奖"计划以来的第 18 位获奖者，这使得公众的关注视角迅速从旁观者转为讨论者。

中国与日本同属东亚，在文化传统上相比西方有更多相似之处，且近年在部分国人的印象中，我们的整体实力已远超日本，何以日本能有那么多科学家获得最高奖项？而且更为突出的是这 18 位获奖者中有17 人是在日本本土接受的教育。所以，公众讨论的焦点不仅仅是政府的重视与投入、科学研究的支持与制度，更聚焦于对日本教育的比较与反思，诸如保护学生对大自然的好奇心，培养学生严谨专注的工匠精神，营造全民阅读的氛围，以及在钱币上印制科学家等学者的形象，等等，都被认为是快速提升国家科学水平的重要因素。

但是，诺贝尔科学奖项实际是对基础科学领域原创性成果的褒奖。这些研究成果往往是对事物现象的本源及其发展规律的发现，与我们通常的认知距离非常遥远，即使部分成果后来被证明是能够改变日常社会生活的，其研究起初也并非以解决实际问题为目的。因此，基础研究的成果从出现到获得高度认可需要相当长时间。统计表明，20 世纪40 年代以来，全球诺贝尔奖得主取得研究成果的平均年龄是 37.1 岁，他们获奖时的平均年龄是 59 岁，从出成果到得奖平均要等待 22 年。此次获奖的日本科学家本庶佑，20 世纪 70 年代开始研究免疫抗体，

1992 年获得主要的研究成果,而获奖却是在 26 年以后。

由此可见,基础研究的特点是周期长、预见性差,也没有明确的短期收益,从事基础研究的科学家不仅需要很高的天赋,更需要强有力的经济支撑。日本近几年的获奖项目多为二三十年前的研究成果,那时候日本已经成为发达国家,科学家也有很好的工作环境,国家在科研方面的经费投入甚至超过了美国。而中国目前的发展成就源于 40 年前的改革开放,改革的成效首先在农业领域呈现,基本解决了国人的温饱问题;到 90 年代初小平同志南方视察讲话以后才形成全面改革开放的局面,尽管当时的基础条件没有改观,研究工作也是亦步亦趋,但科学界已经卸下思想包袱,自由开展国际交流与合作研究,也开始融入世界科学技术的发展中。以后随着国家综合实力增强以及互联网兴起,我国的科学研究除解决发展中的具体问题,也把触觉延伸到了对未知世界的探索,或许这才符合基础研究的基本要素。这个阶段中国科学家的诸多研究中一定含有对未来有深刻影响的研究成果,当然能否产生诺贝尔奖项水平的研究成果那是可遇而不可求的。由此推测,再过 10 余年,或有中国学者连续获得诺贝尔奖项的可能。

所以,历史地看待基础研究的发展,我们不仅认识到科学是有规律的,基础研究的发展也有其自身规律,遵循生活、教育、开放、交流的路径,忽略发展时间或发展阶段的因素进行比较或评判是难以把握未来的。相信只要我们坚定不移地改革开放,解放思想,发展经济,中国的科学研究也一定会为人类作出突出贡献。

原载于 2018 年 10 月 12 日《上海中学生·高招周刊》

努 力 前 程

"努力前程"是孙中山先生为复旦同学所作题字。

但 40 年前在复旦大学读书的我们并不知有此故事,那是举国"拨乱反正"的年代,刚刚从荒诞岁月中走出来的幸运儿们都以各自的方式努力接续正常的生活。年轻者拼命汲取知识,无论大小,也不管是在学校、工厂还是农村,大家明白唯有掌握科学技术才能出人头地,国家才有发展;年长者为自己的后半生努力着,对 10 余年所遭受的不公待遇,甚至冤假错案鸣冤叫屈。农村的包产到户政策让广大农民心情舒畅,总算可以多劳多得,生产力因此大为提高;城市的工厂尽管没有起色,但有技术的工程师每逢周日就奔走于乡镇,以自己的知识换取报酬;处于城乡接合部的工人或农民,或许不满足于日常的低微回报,而在城市与乡村之间来回辛苦倒腾,赚取工农产品间的剪刀差利润。那个年代是思想解放、积极向上的年代,尽管生活还很艰苦,但没有了精神枷锁,每个人都努力向前。

时代发展使得市场的先知先觉者们如鱼得水。有利用海外资源,引入产品满足巨大的国内需求,成为市场新贵的;有游弋在计划经济的缝隙中,在农村发展产业,成为工业巨头的;也有聪明者,投身资本市场,颠覆了对财富的认识,也赚取了人生第一桶金;当然也一定有人利用制度缺陷,把计划经济资源与市场结合,成为非法牟利的暴发户。在一个刚起步的初级市场,参与者眼中的财富就是被标记的交易价格,自然隐含巨大的风险,当社会矛盾的积累速度超过经济发展速度的时候,会让人前功尽弃。所以,尽管没有了精神枷锁,却会受到规律的惩罚。但你会发现社会和家庭对下一代的教育要求却高度一致,不仅要考得上大学,而且要进入理想大学,包括海外名校。因为我们都知道,只有知识和能力才是永恒的。所以,把准方向与努力向前同样重要,这样才会让我们稳稳地前行在出发时所选定的道路上。

　　中山先生之所以为复旦同学题写"努力前程"，实际上也是对复旦学生反帝爱国、团结斗争精神的褒奖。民国初年政局动荡，复旦颠沛流离、难以为继，仰赖临时大总统亲批李公祠堂为校舍，并拨款一万银元，以作复校之用，后其又应允担任校董。复旦师生没有辜负中山先生厚望，在轰轰烈烈的"五四运动"中，示威游行，声援北京，复旦成为"五四运动"在上海的指挥部与大本营。当年6月，中山先生接见复旦学生，予以热情赞扬，10月，又为复旦师生作了题为《救国之急务》的演讲，高度评价"五四运动"。此后，才有了1923年2月应复旦同学之邀，欣然在《复旦年刊》上题写"努力前程"四个字。这既是中山先生对复旦学子成才的鼓励，也是对青年一代实现救国救民大业的希冀。

　　救国救民从来就是青年学生首先要确立和追求的远大目标，无论战争年代还是和平时期，都要有这样的情怀、担当和责任，所谓"为天地立心，为生民立命，为往圣继绝学，为万世开太平"。

　　人生是一场长跑，唯有认准目标，努力前行！

原载于 2019 年 6 月 6 日《上海中学生·高招周刊》

今天的努力造就明天的辉煌

度过了喜庆祥和的国庆长假，工作、学习、生活都回归正常，但我们还时不时沉浸在国庆阅兵和群众游行的欢乐之中。大阅兵、群众游行以及更多的报章杂志和视频，集中反映了国家科技进步和技术创新的最新成果，充分展现了中国国防现代化建设和经济社会发展的巨大成就。

经过 70 年的奋斗，我国经济总量稳居世界第二，成为世界第一大工业国、第一大货物贸易国、第一大外汇储备国。"两弹一星"、杂交水稻、载人航天、深海探测、C919 大飞机、天眼望远镜、量子科学、超级计算等领域的重大科技成果举世瞩目，青藏铁路、三峡工程、南水北调、西气东输、港珠澳大桥等国家工程振奋人心。更值得骄傲的是，教育、文化、医疗卫生、体育、社会保障、扶贫脱贫、生态环保事业全面发展，我们即将实现数千年来中华民族彻底消除绝对贫困人口的小康梦想。

从一穷二白到国富民强，是因为有无数劳动者挥洒汗水燃烧激情，有无数建设者不惧困难拼搏向前，正是他们一步一个脚印，苦干实干，接续奋斗，才成就了今天的辉煌中国。他们中的数十位代表作为 70 年奋斗的最杰出贡献者，分获了国家勋章和国家荣誉称号。习近平同志在颁授仪式讲话中指出，英雄模范们都在平凡的工作岗位上忘我工作、无私奉献，其中很多同志都是"做隐姓埋名人、干惊天动地事"的典型，展现了一种伟大的无我境界。习近平同志指出，英雄模范们用行动再次证明，伟大出自平凡，平凡造就伟大。只要有坚定的理想信念、不懈的奋斗精神，脚踏实地把每件平凡的事做好，一切平凡的人都可以获得不平凡的人生，一切平凡的工作都可以创造不平凡的成就。

我们的同学回到校园，面对周而复始的上课、作业与考试，是不是也能向我们的英雄模范学习？学习他们坚定的理想信念、不懈的奋斗精神，脚踏实地把每件平凡的事做好。

教育需要延续，学术需要积累。高中阶段的同学正逐渐开始接受知识的理性表达，通过汲取前人的知识，形成未来创新的坚实基础。只是目前的学习方式更多表现为重复的作业与考试，试图通过反复的操练完成知识的积累。但也正如古人所说，"书山有路勤为径，学海无涯苦作舟"，在读书、学习的道路上，"勤奋""刻苦"的确是实现目标、成就梦想的必由之路。

对高中同学而言，目标和梦想就是努力争取获得接受优质大学教育的机会。尽管这样的目标并不容易达到，但学习过程中拼搏精神的培养，也是坚定信念、勤奋刻苦等优秀品质的培养，而具备这些品质的同学必将成为促进未来社会发展进步的中坚力量。

所以，同学们今天的努力不仅是为自己的将来，也是为国家的将来。如此，我们才能自信地说："中国的昨天已经写在人类的史册上，中国的今天正在亿万人民手中创造，中国的明天必将更加美好。"

原载于 2019 年 10 月 11 日《上海中学生·高招周刊》

第六章

基础教育培养

第一节　高中教育

高考综合改革凸显高中教育的独立价值

在我国的国民教育体系中，小学教育和初中教育属义务教育阶段，相应的有《义务教育法》加以保障，大专及以上的学校教育属高等教育阶段，有《高等教育法》加以规范。唯有高中教育，尽管属于基础教育，但没有归入义务教育，想上接高等教育，但有高考横卧在前，似乎也很难做到两者无缝衔接，因此高中办学基本靠政府行政管理，当然也看校长的办学水平，高中学校的教育质量高低实际上是取决于管理者或办学者的个体素质和水平的。

由此，对高中教育就会有各种不同的认识和实践。比如，鉴于相当多的高中生将升入高校深造，有一种观点就认为高中是满足高校升学而存在的预备教育，很多学校就把高中三年教育办成了高复班，与高考无关的培养内容都从教育中退出，把学生的所有时间都用于高考科目的训练，就有了学生三年所做考卷叠起来超过自己身高的案例。另有观点认为，高中生完成学习后可以直接进入职场，因此高中教育是职业准备期的教育，三年高中可能安排一半时间进行劳动实习，这样的培养可以直接作用于劳动力市场，通常比较受经济学家的推崇，也会影响到行政决策。长期存在的现实是，如果一个高中学生考入了大学，我们是否还会在意他高中各门科目的学习状况？是否还会关注他有没有达到高中毕业的要求？通常都是欢天喜地送他离开高中了。所以高中教育的独立性或其固有的价值意义是无法得到体现的。

上海从 2014 年开始实施高考综合改革试点，配套发布的高中学业水平考试实施办法和高中生综合素质评价办法明确界定了高中培养的基本内容。比如,必须通过 13 门课程的学业水平合格性考试方能毕业,也才具备报考大学的资格,今年就有学生因为没有及时取得高中毕业资格而被取消大学录取资格的案例;还有,规定了高中生必须在校外完成 60 学时志愿者服务的刚性要求,这从制度上保证了学生们具体接触和感受社会的时间与空间,等等。高考综合改革方案还明确,语文、数学和外语属于统一高考的科目,而思想政治、历史、地理、物理、化学和生命科学作为高中学业水平等级性考试科目,由学生自主选择 3 门参加测试,所获成绩等第表明其高中阶段在该科目测试群体中的相对位次。如果学生参加高考,除必须参加语文、数学和外语的统一高考,其所获科目的等级考成绩等第还可转换为相应分数计入高考总分,连同高中三年的综合素质评价信息,形成完整的大学申请资料。

通常,学生完成了高中教育基本就具备了法定的成人资格,因此高中教育的意义就在于为学生踏入社会做好最后的准备。诸如身体、心理、知识等基础教育,表达、沟通、生存、实践等能力训练,以及对社会、世界认知的价值观培养等都是高中教育的基本内容,缺一不可。此次上海高考综合改革试点最为重要的成果之一就是凸显了上述高中教育基础性和综合性的独立价值。

原载于 2017 年 10 月 6 日《上海中学生·高招周刊》

教育的宽度与考试的精度

人是有生命的个体,其特殊性独一无二,这也决定了伴随人成长的教育应表现出强烈的个性化特征。而学校教育提供我们统一的课程与教学,并给予统一的测试以检验教与学的成效,其中广泛进行测量与比较的往往是学科知识,除了它在升学、求职中的重要作用外,也是因为学科知识具有标准化特点,便于开展统一的教学和测量。对于现代社会愈加重视的身体素质、实践能力和情感价值观的培养,即使学校施以统一标准的教育,似乎也很难达成理想的效果,当然更不可能通过纸笔检测其培养成效,这些方面基本依赖于学生的个性及其长期的培养,我们通常也都会将成功与否的原因归结为其天性如此或与其父母相像等。所以,真正的教育必须面对每个不同的个体,结合基础教育的特点,更应该主张教育的宽度而不是教育的高度或统一性。

如今的人们要完成从自然人到社会人的转变,学校教育是必不可少的载体。学校教育把培养内容按照既有的学科领域加以划分,并通过制定课程标准、考试大纲,由教师按照统一的教材和方法不断向全体学生重复教学与考试的过程,以促使学生达成学习与掌握的目的,这种模式极大地提高了知识传授的效率,也与大机器生产特征高度吻合,其标准化与精确度毋容置疑。诸如高考、中考就是典型的例子。这些统一考试通过组织同一内容的测试,按照测试分数决定部分学生具有接受更高阶段教育的资格,看似公平,其实不然,或许两个考生的测试分数只差一分或几分,就接受更高阶段教育的能力而言并无区别,但录取线的划定可能带给两者截然不同的成长轨迹;又由于统一考试主要是围绕目前阶段所受教育内容的测试,选拔出的学生是目前阶段学习表现优秀的,但并不代表他们接受更高阶段的教育也会成功,所以统一考试制度尽管很好地满足了社会对公平性的要求,但选拔的科学性还值得商榷,当然这里所指的科学性也还必须与国家经济社会发展阶段与社会文明程度相适应。

基于测量理论与技术,考试设计一般都具有完善的质量保障,通常越是利害性高的考试,其质量保障的程度也越高。但是任何测试评价都自然存在内容、形式、对象等方面的个体差异,尤其是受到测试效应时间的约束,所以对其使用的有效性必须加以限制。近日,有小升初学生家长抱怨,初中学校拒绝录取的理由是他孩子小学某门课程的成绩不佳,以后会跟不上,如果真把小学生过程性学习评价的信息作为将来升学的依据,那显然是违背教育规律的。

在个体成长的过程中,标准化的学校教育并不是必不可少的,只是现代学校教育几乎涵盖孩子成长的全部内容,使得学校教育成为必然选择。但每个个体生命首先源于父母的遗传,而后又在各自的家庭环境中成长,尽管随着学校教育成分的增加,其社会性的表征越发显著,但这社会性却是依赖于其个性所生存发展的,并且相同社会性表象下的个体差异仍是天然存的。所以,我们要不断提高教育设计与考试评价的科学性,促进学生全面而有个性地成长。

原载于 2018 年 6 月 8 日《上海中学生·高招周刊》

新课标学习心得

上周发布了高中新课标这无疑是中国教育的大事，评论多集中于语文课标的变化，尤其是将原标准的"诵读篇目的建议"改为"古诗文背诵推荐篇目"，推荐篇目数量也从 14 篇（首）增加到 72 篇（首），但是新课标的意义远不止于此。

现代人的成长一靠家庭的养育，无论是孕育阶段父母的关注还是出生后的精心喂养，都是孩子健康成长的必要条件和基本保障；现代人成长的另一基础是系统的教育，只有学校能提供完整的知识教育以及社会生存与发展的能力。作为教育实现载体的课程方案，整体上决定了一代人的知识基础与成长必需的能力，值得引起重视。

此次发布的新课标传递出三方面信息。

首先是关于高中教育的定位，这是长期困惑高中教育的问题。由于义务教育、高等教育都有相应法律支撑，而高中教育定位无法可依，通常提倡特色办学，但事实上形成"体育培养是特色，艺术教育是特色，拼命刷题也是特色"的尴尬局面。这次明确普通高中教育是在义务教育基础上进一步提高国民素质、面向大众的基础教育，不只是为升大学做准备，还要为学生适应社会生活和职业发展作准备，为学生的终身发展奠定基础。以我的理解，不必专门提出"不只是为升大学作准备，还要为学生适应社会生活和职业发展作准备"，因为这是教育以及多元选择下的自然结果。

其次是优化了课程结构，实现了与高考改革的衔接。新课标把学习内容分为必修、选择性必修和选修三类，与高考改革方案中的高中学业水平考试、统一高考相关要求以及学生兴趣特长发展需要相适应，而且这三类课程内容的界定也为高中实施选课走班及课程教学提供了依据。从浙江、上海的高考改革试点看，由于直接从原有的"3＋理综或文综"或"3＋1"的高考科目转为"3＋3"的"统一高考科目＋学业水平考试科目",给在课程标准、教学要求上的转换准备带来了考验。此次新课标充分考虑到高中学生多样化的学习需求及升学考试要求,在保证共同基础的前提下,让有特定学科潜力和发展需求的学生在相关科目上学得多些、学得深些,有力支撑了高考综合改革。

最后是明确了课程实施环节的要求和责任主体。每一次新的课程标准都是许多年教育改革成果的积累,也是对未来发展的理性判断与期许,所以课程标准体现着国家意志,也是国家实现发展目标的关键要素,理应不折不扣地加以实施。但是我国地域辽阔,差异巨大,笔者曾在西部一所初中学校看到这样的场景:60多个学生分成8组,进行围桌式的讨论及授课,但学生实在是太多,满是嘈杂声,根本无法实施教学。问为何如此,校长说是推行新课改教学的要求,但显然这样的班额人数是不符合教改要求的。这次的新课标强化了实施的指导性、可操作性,增加了教学和评价案例、命题建议等,便于各级政府准确理解和把握课标要义,创设条件,确保国家统一标准的课程方案得到完整实施。

当然,新课标的颁布凸显了学科的重要性,进一步强化了分学科教育的责任,自然就提出了加强学科内在联系及学科间相互配合的问题;尤其在互联网背景下,人的思想、知识、能力更多地被看作一个整体,其评价也是趋向系统与综合,这可能是新课标留给我们在实践中需要解决的现实问题。

原载于 2018 年 1 月 26 日《上海中学生·高招周刊》

教育考试评价关注的是学生发展的整体性

日前召开的 2017 考试评价国际研讨会汇聚了国内外著名的考试机构以及这一领域的专家学者,大家对全球基础教育改革背景下的考试评价发展充满了信心。从众多的交流发言中我们能够感受到,各地区不同的教育发展基础使得考试评价的理论和应用呈现出差异性,快速发展的网络技术和数据分析技术又有效提升了考试评价的科学性,但大家不约而同提出的观点是,考试评价要关注学生发展的整体性。

教育考试评价是教育培养制度的重要组成部分,他的终极对象是学生,是学生的成长。就人自身的存在和发展而言,教育并不是必需的;到了现代社会,为了人更好地生存和发展,教育成为必需,也就是说教育是有助于人的成长的。同样,就教育而言,考试评价并不是必需的,只是到了我们要讲究教育标准和效率的时候,发现可以拿起考试评价的工具,以促进教育各个部分的发展。当我们如此不断细化评价指标,运用更多测量方法和工具,就很有可能会让自己看不到或者忘记了考试评价的本质,即促进学生整体的成长。

每位学生本身是一个整体,他的存在与发展是自然赋予的,也是社会必须予以接受的。为了让他更好地融入社会、参与社会进步,我们提供了学校教育,以弥补仅有家庭培养和社会培养的不足。现代的学校教育把学生的受教育过程拆分成知识内容与素质能力两大领域,由于对学生的素质能力领域缺少系统性和一致性的认识,学校教育更多以知识内容为主,且被分为若干学科,如语文、数学、外语等,由于学科的知识体系相对完备,就进一步以更为细化的学科知识点加以呈现,成为不同时期学生学习和评价的具体内容。因此所谓一个学生的优秀与否,就以参加这些学科考试评价的成绩作为依据,而同时应该具备的家庭教育、社会教育、学校教育中的素质能力则无从体现。这导致对一个学生的整体评价转换为接受学校教育的评价,又具体化为学科知识点的评价,其不合理是显而易见的。

无论是从自然角度还是社会角度进行分析,学生的个体和整体都具有极高的成长性,但基于学业的评价通常仅反映阶段性的结果,而这往往又决定了学生未来的发展。为有效改善这种局面,专家学者积极从心理学、教育学、统计学等学科中寻找理论与方法,提出了诸多有价值的科学测量方法,以克服评价中总分排序的简单粗暴,以及分项指标统计的略显机械,尽可能提升评价的综合性及其预测能力。更有高校直接以评判学生未来的学习与发展能力作为招生录取工作的指导思想,既选拔到了符合要求的学生,也向基础教育传递了正确的学生培养理念。而这正是我们乐意看到的,因为所有的教育工作都是为了促进每一个学生的健康成长和终身发展。

原载于 2017 年 10 月 27 日《上海中学生·高招周刊》

第二节　学生培养

要加快构建德智体美劳全面培养的教育体系

基础教育的任务是坚持立德树人，伴随学生成长给予德智体美劳的全面培养，以更好地支撑他们成为社会主义建设者和接班人，成为未来社会发展的主人。

我们对于教育的认知深受农耕时代科举制度的影响，"万般皆下品，唯有读书高""书中自有黄金屋，书中自有颜如玉"等为我们树立了人生目标；短暂的工业时代没有改变我们对于教育的认识，更没有建立起标准化的教育体系；一转眼我们已经进入了以信息技术为基础的智能时代，可是我们的教育仍满足于对以往知识的记忆与表达，而不是从思想到行为适应未来社会发展需要，更没有聚焦社会责任感、创新意识、实践能力的培养。由于高等教育资源紧缺，数十年来我们都以高考分数作为学生升学选拔的基本依据或唯一标准，导致从高中乃至学前教育也都以学生的学业成绩作为评价标准。在学业重压下，青少年学生每天十五六个小时处于教室内、课桌前，或是听课或是做作业，既缺乏运动又没有实践，当年满18岁走向社会的时候，不论是家长、教师还是社会无不担心以他们赢弱的身体、心理和社会生存能力能否接力时代发展，参与世界竞争。

以上海、浙江为试点的高考综合改革紧紧抓住高考招生这个最为关键的环节，以"两依据一参考"作为新的升学评价标准，既有统一又有选择，统一性保证了基本的入学标准，选择性给学生发展和高校培养打开了空间；既有学业成绩又有综合素质，学业成绩确保了学术标准，综合素质反映了学生个体能力；既改革高校招生与培养模式，又直接作用于高中教育改革，结合中考改革，覆盖全部基础教育，为青少年学生全面而有个性的成长建立了强有力的制度保证。

但要完整实现制度性改革，就要构建全面培养的教育体系。现状是除了具备传统意义上的文化知识教育体系，在思想道德教育、社会实践教育、职业教育等领域严重缺乏系统性的学科体系、教学体系、教材体系和管理体系，尤其在常规的学校教育中，没有与学生年龄相适应的上述领域的培养体系。以目前实施的基础教育课程计划的八大学习领域为例，语言文学、数学、社会科学、自然科学的培养体系最为完备，而技术、体育与健身、艺术、综合实践等领域且不论是否已经具备培养的完整性，在课程实践中更是缺乏计划性、实施性、预期性；而从上述八大学习领域赖以实践的学科、活动、专题三个载体分析，也可知是传统学科的教育体系最为完整。因此，现行的中小学校课程方案已经远不能满足全面培养的要求，事实上弱化了体育教育、美育教育、劳动教育以及社会实践能力培养和价值观培养。

党的教育方针始终强调受教育者的全面发展。如今，党中央进一步把坚持立德树人作为教育的根本任务，培养造就中国特色社会主义事业的建设者和接班人。基础教育是整个教育体系的关键部分，承担着提高全民族素质的奠基作用，我们各级政府有责任加快构建德智体美劳全面培养的教育体系，形成更高水平的人才培养体系，促进青少年学生的健康成长。

原载于 2018 年 9 月 21 日《上海中学生·高招周刊》

教育是为了学生更好地成长

在社会发展进程中,人们发现如果有了教育,人的发展会更好,社会也会更加文明有序。于是严格意义的学校教育体系在近代开始形成,诸如幼儿教育、小学教育、中等教育和高等教育等制度化的教育安排成为社会的基本组成部分,这种覆盖一个人全部成长过程的教育设计,不仅对经济发展作出了极大贡献,也对社会、政治、文化发展产生了积极作用。同时,政府管理者和社会大众还通过增加教育投入、完善教育政策提升教育质量,达到个人发展水平和社会发展水平持续提高的目的。从个体成长性来看,一个人从生命的自然存在形态到进入社会自主生活并求得发展,伴随的教育显然是帮助他完成从自然人到社会人的整个过程。所以,教育并不是与生俱来的,它的存在价值就是促进人的更好成长。

那么青少年学生的成长包括哪些内容呢?第一当然是健康。每个学生只有是健康的才有更好的未来,这个社会的未来也才可能是健康的,即除去遗传因素和其他先天因素,教育应该让每位学生更加健康,不仅体格健壮,而且心理健康,只有从学生时代就普遍健康才能保证未来社会发展的可持续。第二是知识的丰富和完备。随着年龄增长,教育不仅让学生掌握的知识和工具逐渐增多,还指导他们对世界及其变化进行感知和体验,并提高到理性解释,同时还要促使学生持续保持对未知事物的好奇和兴趣,具备继续求知的基础。第三是对社会价值的认同。稳定而发展的社会基于大多数成员对公共价值标准的遵守,尽管辅之以法律规范,但每位社会成员的道德水平和文明程度是社会发展的基础,教育就是让我们的青少年更容易形成对社会共同价值的认同。

由此,就很容易判断我们接受的教育是否是"好"的教育,即观察日常的教育行为是否带给青少年学生成长所必须的健康、知识和正确的价值观,这三者缺一不可。它们可能来自学校教育,可能来自社会教育,也可能来自家庭教育。凡是与以上所述相违背的教育行为,都不是我们所需要的教育。另外,由于每个学生成长的基础、天赋、环境不同,成长所需的教育也应该有差异,对一个学生或一群学生适合的教育,可能并不有助于另一个学生或者另一群学生的成长。所谓适合的教育才是最好的教育,其中隐含的意思就是教育是有差异的,有助于成长的教育一定是与个体融合的教育。

总之,教育是为青少年学生成长服务的,而并不要求每个学生去适应教育的发展。准确地认识这一点,我们成人社会就会为下一代提供更好的成长环境,学校、社会、家庭也都会回归教育的本源。

原载于 2017 年 9 月 22 日《上海中学生·高招周刊》

教育必须以学生的全面成长为目的

近期,媒体连续披露的"湖南沅江 16 岁学生刺死班主任""江苏丰县 10 岁女孩自杀""湖南桃江高三学生出现群发性肺结核"等事件,让教育又一次处在舆论的风口浪尖。

从报道中可以看出,学生弑师案中的班主任是一位和蔼助人的好老师,日常对刺死他的学生也是关爱有加;自杀女孩的视频和遗书给我们呈现出的是一位乖巧伶俐的孩子,对身边的每位亲人都充满了感情;而出现群体性肺结核的是一所重点中学,所采取的封闭性教学方式也是这类学校的共同特征。

事件的真相一定会有官方的结论,从媒体报道中能获悉的事件共性都有关学生的学业成绩。"湖南沅江 16 岁学生刺死班主任"事件中,老师时刻关注该学生的考试成绩,一旦有波动便表现得十分焦急;"江苏丰县 10 岁女孩自杀"事件中,女孩的成绩不那么好,经常受到大人的指责和打骂;"湖南桃江高三学生出现群发性肺结核"事件中,学校、家长和学生担忧休学治疗影响高三阶段的学业,进而影响高考成绩。学校、教师、父母在关于考试成绩这个问题上保持了高度的一致性,形成了事件的直接诱因。

我们的教育,尤其是基础教育有完备的体系,教育方针、《教育法》和规章制度一应俱全,学校还都有强调重视人、理解人、尊重人、爱护人的以人为本的理念,也有强调促进每一个学生全面发展的理念,以及强调知识、能力与素质相互作用、辩证统一与和谐发展的素质教育理念,等等,但每每在不同时间、地点遇到如此个案事件时,就会发现无论是学校教育、社会教育还是家庭教育,教育的各个环节都无一例外地显露出固有的缺陷。这是因为当教育的全部都围绕学业成绩或分数时,它是有可能提升学生的成绩,让学生考出高分,但没有全面培养的教育难以保障学生内心的健康成长,甚至有可能让学生的心魔吞噬自己或别人。

　　进入新时代的中国，各领域的发展成就显著，但在有关青少年的成长教育上却不尽如人意，表现为过度聚焦于学业竞争而忽视全面成长，与经济社会的发展不相适应，更难以成为民族振兴和社会进步的基石。为有效改变这一状况，国家启动了教育综合改革和高考综合改革，以期达成制度性地增强学生社会责任感、创新精神和实践能力的目的。从以往三年上海的实践来看，改革成效在高中教育中已初步显现，其特点就是刚性地实施综合培养，以达到促进学生全面成长的目的。

原载于 2017 年 11 月 23 日《上海中学生·高招周刊》

有关青少年教育的话题

近阶段中国社会的热点一定是正在北京举行的"两会"了。数千位代表、委员代表人民为国家的繁荣进步出谋划策、各抒己见,教育总是其中重要的话题,只是今年"两会"要关注的大事要事实在太多,似乎还没有形成高度聚焦的热点。

教育,尤其是青少年教育,作为民生的重要组成部分一直备受关注:其一是教育如同吃饭喝水,成为现代社会成员生存发展所必需;其二是青少年时期的教育影响伴随终身,每个成年人对自身成长的反思一定会反映在对当下教育的要求中。从媒体传递出的信息来看,我们能真切地感受到代表、委员对青少年教育的关心,如国学专家提出"中华传统文化教育要建立课程体系,要从少年儿童抓起",有委员指出"学生课外阅读书目也该减负",有戏曲界代表建言"戏曲进校园,培养传承人才",气象专家要求"把气象科普教育纳入国民素质教育",有代表提出要"推动法治进校园常态化",有委员建议"将青少年文明行为纳入升学考核",也有的提议"取消中考",有互联网大佬提出"加强青少年科学教育和网络素养",也有教育界委员提出"幼儿园里应当装监控,但不能上互联网",等等,林林总总涵盖了教育的方方面面。

青少年教育的特点就是以保障身体健康为前提,再提高其知识水平,提升其实践能力,助其形成正确的价值观,有助于其未来的长远发展。因此,建议提案应该更加聚焦在对青少年成长最为基础的且对未来有长远影响的领域。来自民进中央的朱永新委员在"两会"上提出了"尽快完善国家儿童营养战略"的提案,他提出:"改善儿童营养健康状况是改善人口素质、实现彻底脱贫的最科学、最经济的战略选择。"我觉得这才是国家层面要形成决策的方案,既为儿童个体的发展,也为国家民族的强盛;他还建议"要强化在校、在园儿童的'食育',提升儿童营养意识,建立科学健康的营养观念",对青少年学生确实需要带有强制性的"食育",如国外学生奶计划的强制实施,以彻底强壮一个民族。而目前我们还主要依靠社会公益组织开展类似"一个鸡蛋"的营养补充计划,挂一漏万,仅能点缀。同样地,我认为也应该出现类似在校学生饭后必须刷牙的建议或提案,既促使学生养成卫生习惯,又有助于个人未来的健康和国民素质的整体提高。或许有观点认为这些不属于教育的范畴,但所谓"少年智则国智,少年强则国强,少年进步则国进步",说的不正是这个道理吗?

当然,我们也很希望看到有更为直接的、全局性系统性的建议或共识,如彻底统一全国中小学校的建设标准和办学标准,真正做到地可分东西、人可分南北,但山上山下的学校是一样的,城市农村的教师也是一样的,只有这样,我们的民族复兴、国家强盛才是可期待的。

原载于 2018 年 3 月 16 日《上海中学生·高招周刊》

建设乡村寄宿制学校是提高农村儿童教育水平的良策

正在北京举行的"两会"所传递的信息囊括了目前阶段中国社会面临的各种热点问题,其中基础教育的话题主要聚焦于学前教育、中小学生减负、教师队伍建设等,切实回应了社会的关切。改革开放以来,政府在教育上的投入以及教育事业的发展大家有目共睹,但就庞大的农村留守儿童的教育问题而言,似乎缺少解决方案的顶层设计。这样的状况得不到根本改变的话,我们的教育现代化、"两个一百年"奋斗目标的实现都将受到极大制约。

按照有关指标定义,农村留守儿童是指外出务工连续半年以上的农民托留在户籍所在地家乡,由父、母单方或其他亲属监护接受义务教育的适龄儿童少年。不同途径测算符合上述标准的儿童人数达数千万,官方发布的指父母皆外出务工的留守儿童,也有近 700 万的数量。还有农村就地城镇化后没有进入统计口径的城镇留守儿童,他们的状况同样不如人意。笔者曾在贵州省息烽县农村访问过一个留守儿童家庭。小女孩很乖巧,跟着她穿过田间走进小山坡的旧屋,漆黑的墙壁、灶台,油腻的床褥、家具,还算干净的屋前场地上,祖父坐在竹椅上,抽着旱烟。这户由祖孙二人组成的家庭基本生活是有保障的,但根本无法提供孩子健康成长的良好环境。

这些年来,农村的学校包括希望小学建了不少,为解决留守儿童辍学问题发挥了很大作用。但从有质量的教育需求角度分析,会发现这样的学校里符合要求的师资不足或没有,还因为父母不在身边或者家庭条件所限,留守儿童日常的衣食住行基本没有质量,更不要说成长所需的父母亲的关爱和抚慰了。

今年初,媒体报道的马云关于推进乡村寄宿制学校的经验和思考,值得我们关注。马云认为,很多父母忙于生计,使得孩子远离父母,像"孤儿"一样。这些孩子跟城市生活隔离,终有一天他们会对城市仇恨,会对城市的孩子有意见，因为他们的生活是不公平的。我们要为家乡的孩子们搭建一个阳光灿烂、充满希望的地方。孩子们在寄宿制学校中要比在家里更舒心、更开心。马云在 2017 年启动乡村寄宿制学校计划后，48 名学生已经进入第一所寄宿制学校。马云觉得，寄宿制学校要有完善的管理和配套设施，要有专门的教师或保育员，引导孩子形成良好的生活习惯，也要给孩子们提供科学的营养膳食。寄宿制学校要在教育的"育"上面发力，白天上课学知识，晚上展开各种兴趣爱好活动，要把"教"和"育"合在一起。此次马云提出寄宿制学校方案，也有不少人批评这会使孩子与父母分离，不利于成长。马云的回应是，这些孩子根本没有父母在身边，因为他们的父母不在，所以才要在寄宿制学校。晚上的夜自修，要让他们感受团队的快乐，家长不在的时候，那些保育员、那些老师就是最好的家长。

实际上，本世纪初我国曾经推行过农村中小学布局调整的撤村并校，也有寄宿制学校的建设案例，但是限于当时的社会认识，特别是投入严重不足，导致备受批评并被叫停。随着经济社会发展进入新时代，我们对于农村教育的认识也应该得到提升。基础教育伴随儿童少年成长，不仅仅是知识教育，更要关心他们身体、心理和价值观的健康成长。确保每个学生得到最好的教育与照顾，这是社会的基本责任，也是经济社会可持续发展的基本保证。所以，建设乡村寄宿制学校是提高农村儿童教育水平的良策，也应该是我们对教育和社会现实问题的回应与解决的实现路径。

原载于 2019 年 3 月 15 日《上海中学生·高招周刊》

实验学校为何少见教育实验

最近数十年里,不少新开设的中小学校都会在校名中嵌入"实验"或"双语"等词,通常双语学校多为民办,直观表达了学校的外语培养和国际教育特征,因而受到学生家长关注;而实验学校起初以公办为主,近年民办学校也多采用。由于"实验"一词含义丰富,虽无法反映具体的培养特色,却能使学生家长对学校教育的科学性充满想象。

实验是科学研究的基本方法之一,教育实验是指在一定教育理论或假设指导下,通过实验探究教育规律的活动。教育史上名闻遐迩的有瑞士教育家裴斯泰洛齐"爱的教育"实验,以及美国的杜威学校、英国的夏山学校、德国的泛爱学校等;中国也有陶行知的"生活即教育"、陈鹤琴的"活教育"等诸多教育实验,影响深远。1955 年建立的北京实验中学也是为了对新中国教育进行探索而创办的,各省区市随之设立的实验小学和实验中学也都承担着新教材或新教学方法的试验任务。所以,实验学校就是专门为探索和检验某种教育理论或进行教育改革试验而设立的学校。

在经济社会快速变化的背景下,教育也被推动着向前发展,为回应社会对提高学生竞争力的迫切要求,帮助学生提高考试成绩成为学校的主要任务。打开各地实验学校的网页,它们无一例外地把升学成绩放在学校介绍的醒目位置。比如,本市一所实验学校在官网中介绍"每年,学校高三毕业生 200 名左右,本科率 100%,一本率 90% 左右,其中有近半数学生被世界名校、国内一流高校录取";北京一所实验中学的官网显示"学校在历届高考中都取得优异成绩,大学升学率为 100%,每年重点大学上线率均在 95% 以上,其中考入清华、北大两校的人数约占 26% 以上,每年向 10 余所大学保送优秀生 10 余名";东北一所省实验中学在官网中提到"高考成绩在全省始终名列前茅,考入北大、清华、美国麻省理工等国内外名牌大学的学生逐年增加"。倒是某省一所应试名气很响的高中学校(非实验学校),在官网上除介绍升学成绩外,特地指出:"短短几年,教师们有100余项教育教学科研成果获国家级、省级奖励,100余位教师在省级以上教学大赛中获特等奖或一等奖,400余人次教师赴全国各地讲学或上公开课……"对网上公示的2018年基础教育国家级教学成果奖452项拟授奖项目进行统计,由实验学校或实验幼儿园完成的成果仅有30余项,这也表明原来意义上的实验学校已经荡然无存。

公办实验学校由教育行政部门设立并直接管理,比一般学校享有更多的优惠政策。比如,覆盖全区域的招生政策可以进行大规模的生源筛选,实施十二年一贯制培养以保留优秀生源,以及在各种荣誉称号评比中的照顾倾斜等。实验学校还享有比一般学校更多的办学资源,诸如校园空间、设施配置标准以及师资队伍水平等,这些办学优势自然会反映在升学数据上,成为显示地区教育成就的标志,再加上公办的免费或低收费特点,更使得学生和家长趋之若鹜,成为当地招生的热点。但没有了以科学为基础的教育实验,实验学校所谓的学生培养成果仅是一些个案,其办学水平与一般学校并无二致,与超乎寻常的资源投入也极不相称。

构筑德智体美劳全面培养的教育体系是基础教育面临的全新挑战。如何按照青少年学生的成长特点,基于心理学、教育学的认知规律设计有效的培养体系与培养模式,亟待教育界提高认识、积极探索,特别是科学严谨的教育实验是不可或缺的。实验学校理应回归本源,以改革为己任,方不辱教育实验的使命。

原载于2018年9月28日《上海中学生·高招周刊》

浅议校园形态与学校教育培养的关系

上周，为向芬兰客人展示上海基础教育在科学教育方面的进展，我陪同客人赴市西中学进行了参观访问。作为上海中心城区占地面积最大的重点高中，市西中学绵长的办学历史、中西合璧的校园建筑给客人留下了深刻的印象，占据传家楼数层楼面的思维广场、创新实验室尤其为专家所称道。机械系统与机器人、新型能源和汽车、光学应用与传感技术、生物技术与环境保护、社会学等一系列实验空间为激发和培养学生创新潜能、提升学校跨学科综合培养能力奠定了基础，不得不说能有这样的认识，并为此创设如此规模的创新空间，市西大概是领风气之先了。

一所学校，无论是大学还是中学，通常都极其重视师生的优秀程度，想方设法提高师资招聘和学生招生的质量，广泛招收高素质、有特长的教师和学生，因为高质量的师生群体提高了培养起点，容易达成培养目标，可以为学校赢得更为广泛的声誉，然后吸引更多优秀成员的加入，形成学校的良性发展。同时，一所优秀的学校还能够实施与办学目标一致的培养和管理制度，使得所有学生通过学校的教育在素养和能力上都得到显著的提升，表现得比过去更为优秀。但就这一点，目前的现状是不能令人满意的，通常学校口号式的培养理念仅体现在不超过5%的所谓优秀学生身上，绝大多数学生的学校教育依然是围绕考试科目的上课与作业的单一循环。除去上述两个要素，我认为要成为名校还必须具备与培养相适应的校园形态，校园不仅仅要有容纳师生的空间和必要的设施设备，它的形态还必须支持学生的培养模式。譬如，实行书院制培养，校园建筑就应该有一定规模的围合，满足师生共同的生活、学习和活动所需；如果采用功能性培养，校园就会有比较多的诸如教学楼、实验楼、宿舍楼等单一功能建筑的存在，这时需要注重的是功能性建筑之间的科学布局。除此之外，校园建筑还必须处处透露出文化的气息,任何一个局部都能让人感受到学校的传统、教育的氛围、师生的活力。因此,要成为一所名校,优秀的师生群体、科学的培养制度和浸润式的校园形态是必不可少的三个要素。

高考改革要求学校培养转型,即以学生的社会责任感、创新意识、实践能力的培养为主体,为此学校教育必须建立新的培养体系以及与之相适应的空间形态。但是,就目前大多数高中而言,创新培养还仅仅停留在点缀的层面,没有足够的空间和培养载体,没有纳入常规的课程教学,这就很难撬动固有的培养模式。市西中学通过建设思维广场、创新实验室,改革原有课程计划,建立自主学习课程,开展微型讲座,扩展校内新型学习空间等系统设计与举措,很好地实现了培养转型,其跨学科学习模式与国际高中教育培养模式拉近了距离。

随着国家经济社会发展,我们的教育水平得到了很大的提高,增加了投入,明确了目标,但是很多现象令人费解,比如我们的学校或教室往往都是清一色的白墙,然而我们又同时提出美育要从小抓起,设想一下 12 年始终面对一色白墙的学生如何能培养出理想的审美观?所以,教育除了"教"之外,更要注重"育",而"育"就离不开形态和环境的支持。

原载于 2018 年 1 月 19 日《上海中学生·高招周刊》

合适的学生数量与学校规模效应

在完成了本科录取后,本市随即启动了高职(专科)的集中录取工作。目前已公布的信息表明,高职(专科)的招生计划与生源人数大体相当,可以说考生只要有升学意愿且志愿填报得当,基本上是可以被录取的,而且今年新增的"高职扩招"项目招生又为前期没有参与录取的考生提供了新的入学机会,所谓"全入时代"的特点十分明显。

产生上述现象的主要原因是伴随我国经济高速发展所带来的高等教育规模的增量,以及本市最近数年处于低位的高中学生数量,两者的结合使得绝大多数高中毕业生都能够升入高校接受进一步的教育,这无疑是延长了学生的培养周期,整体提升了国民素养及劳动力质量,对推动上海经济社会的可持续发展具有积极作用。

处于低位的高中学生数量配合原有的高中学校规模和办学体系,形成了本市较为充足的高中教育资源配置,为深化教育教学改革创设了极好条件。首先是为高考综合改革的成功实施奠定了坚实基础。5年前启动的高考综合改革试点推动上海高中建立起新的教学组织模式和素质教育体系,实现了满足学生选科要求的走班教学,以及学生社会实践和研究性学习的综合能力培养,整体提升了上海高中教育水平,另一方面也为上海探索高中培养模式改革创造了有利条件。例如,市西中学由空间引发学习变革的实验,如思维广场、人工智能课堂等,为我们实践了未来的学校教育模式;曹杨二中以学生发展为本,创设多个语种的升学培养项目,为学校开展国际理解教育提供了范例。这些不多的成功案例给我们勾勒出新时代国际大都市教育或面向未来的教育的美好前景,这样的教育探索才能真正代表上海的教育。所以,较为充分的空间和师资资源,是上海率先实现教育现代化的重要基础。当然,同步实施的高校招生录取改革也起到了极大的支撑作用,如清华的"上海领军计划"、北大的"上海博雅计划"以及本市高水平大学的综合评价录取、春季高考招生和高职(专科)依法自主招生等改革所建立的多元升学路径很好地保护了上海的教育生态。

处于低位的高中学生数量配合原有的高中学校规模和办学体系，既促进了高中办学水平的提高，也有效抑制了希望通过扩大学生人数促成超级中学优势的办学模式的形成。近年来，国内不少地区超级中学的影响力越来越大，它们普遍的做法是以高考分数为目标，通过扩大学生人数和超常训练，选拔出高分考生以形成地区的升学优势，反过来更大范围地垄断优质生源与师资，形成更进一步的高考优势。这种做法不仅加剧了应试教育，更是破坏了教育生态，已经不是正常意义下的教育了。就本市而言，也始终存在照搬这种办学模式的"冲动"，个别中学就被公认为采用此类办学方式的学校，前几年也有报道说某区规划引入北方某名校，最近的例子无疑是"毛坦厂中学上海高复班"了，这些事例之所以引发关注，也更多地反映了处于改革开放前沿的上海公众对教育及教育价值的追求。

优先发展教育的具体体现就是围绕学校办学所需的空间、师资、资金等资源配置的充分性，把教育事业放在优先发展位置，其中特别要关注从学前教育直至高等教育整个系统资源配置的充分性问题，因此保持各学段合适的学校规模就显得尤为重要与必要，也只有这样，教育的先导性、全局性和基础性作用才能得到完全体现。

原载于 2019 年 8 月 1 日《上海中学生·高招周刊》

由路透社报道所想到的

近日,再一次从网上看到了路透社关于中国相关机构帮助学生在申请海外大学过程中涉嫌造假的报道,无论事情真伪如何,诸多中介机构被推上了风口浪尖,更严重的是将持续影响中国学生的海外大学申请,这是对绝大多数无辜学生的最大不公。报道所指的造假情形主要集中在对学生的申请文章进行润色和撰写,以及更改学生的高中学习成绩两方面。

数据表明,近 10 年来,中国赴美就读本科人数每年创新高,已经超过就读研究生的人数,中国成为美国最大的国际生生源国。与过去不同的是,出国学生不仅有对现今中国教育体制不适应的群体(或者说不适应高考的学生),还有很多是学业成绩优异、综合素质全面且有特长的学生,他们既符合中国最好大学的录取标准,也满足美国最好大学的入学要求。尽管美国大学对接受国际生有比例限制,但中国学生尤其是优秀学生的快速增长势必影响各方利益,因此关于如何辨别中国学生申请材料真伪的议论就一直没有消停过。记得 2011 年 7 月在纽约举行的一次论坛上,就有一位美国高中校长在大会上当众就此事向笔者进行提问。

平心而论,准备申请美国大学的学生是非常不容易的。尽管不参加中国高考,但是要正常完成中国的高中教育,以获得较好的学业成绩记录和毕业文凭;作为留学生,必须花大量时间在英语语言学习上,以获得较好的 TOEFL 分数;要满足美国大学的录取要求,还得专门复习参加美国高考(SAT 考试),同时还要在学术研究、社团活动、社会服务等方面表现出自身的特长。凡此种种,都说明由申请美国大学所带来的高中学习内容是远超出我们常规的,如果一个高中生在临近毕业的一两年里才考虑转向国外大学的升学准备,是很难做到尽善尽美的。我们的高中教育主要是集中在若干门课程的学习,且繁复的操练已经占尽了学生的时间和空间,临毕业了发现薄薄一张成绩证明只记录了极少几门课程的成绩,或许有一些实践活动,也仅仅是点缀,从中无法看出经历 12 年教育的学生有什么不同于别人的特点。如此,当我们的学生与全世界同龄人一起作比较的时候,忽然发现自己变成弱势群体了!

改革开放近 40 年,我们在经济上作为世界第二经济体已经有无可置疑的话语权,也可以经常有些所谓的中国态度,但不得不承认在教育领域、尤其在基础教育领域,依旧是自成一家,充满了"自我"特色。若干出色的考试成绩或竞赛排名会让人兴奋,但这既代表不了整体水平,更是无法支撑庞大群体下个体的多元发展。如同经济社会发展有其共性,教育也有其自身发展规律,基础教育作为未来社会发展的基石,承担着更为重要的作用。上海是以建设全球卓越城市为发展目标的,理应尽快建立与此相适应的教育制度,只有这样,我们的下一代才有未来,我们的社会也才有未来。

原载于 2016 年 12 月 9 日《上海中学生·高招周刊》

第三节　教育现代化

优先和足额的投入是实现教育现代化的基本保证

近日,本市召开教育大会,全面部署实施《中国教育现代化2035》《上海教育现代化2035》,动员全市上下为加快推进上海教育现代化、办好人民满意的教育而努力。会议重申,上海将努力在2020年总体实现教育现代化。

2010年3月发布的《上海市中长期教育改革和发展规划纲要》就已经提出:"到2020年,上海要率先实现教育现代化,率先基本建成学习型社会,努力使每一个人的发展潜能得到激发,教育发展和人力资源开发水平迈入世界先进行列。"10年来,上海紧紧围绕"为了每一个学生的终身发展"这一核心理念,坚持立德树人根本任务,大力培养德智体美劳全面发展的社会主义建设者和接班人,全面提高人才培养质量。尤其是经过最近5年高考综合改革试点实践,高中教育建立起完善的综合素质评价办法和学业水平考试制度,有效促进学生全面而有个性地发展,随着中考改革方案的实施,上海基础教育阶段的培养体系将更加全面、完整。

从国际评价看,最近数次由经济合作与发展组织(OECD)实施的15岁中学生国际学生评估项目(PISA)测试结果显示,上海学生的成绩一直名列前茅,表明上海教育的改革成就得到世界性认同,因而也有了英国引进上海数学教育的案例。上海的教育为世界认识中国又增加了一个极其重要的视角。

上述成就以及上海教育领先的优势得益于国家的改革开放和上海

经济社会的发展,当然其中最具标志性的是对教育的投入,使得上海教育的质量和发展始终保持相当高的水平。

按照现有统计口径,政府的教育经费分为生均教育事业费支出和生均公用经费支出。以官方发布的 2017 年教育经费执行情况分析,上海的普通小学、普通初中、普通高中、中等职业学校和普通高等学校生均一般公共预算教育事业费支出分别是 20767.54 元、30573.39 元、29080.01 元、38966.34 元和 33711.72 元,而同期全国各级教育的生均一般公共预算教育事业费支出分别是 10199.12 元、14641.15 元、13768.92元、13272.66 元和20298.63 元,上海的数据基本是全国平均的2 倍多。其中,中等职业学校达到近 3 倍,普通高等学校为 1.7 倍。

如果以办学者感受更深的公用经费为例,表现则更为突出。学校公用经费是用于保证和改善办学条件的公共开支,如办公差旅、水电煤等费用,教学设备和图书的购置费用,房屋建筑的修缮费用以及教学实践实验等业务用经费,等等,都是学校日常运行所需的费用。上海的普通小学、普通初中、普通高中、中等职业学校和普通高等学校的生均一般公共预算公用经费支出分别是 6474.28 元、9422.59 元、9379.08 元、11327.40 元和 18146.62 元,同期全国各级教育的生均一般公共预算公用经费支出分别是 2732.07 元、3792.53 元、3395.59 元、4908.30 元和8506.02 元,上海的数据基本达到全国平均的 2.3 倍多。其中,普通高等学校为 2.1 倍。

尽管本市多年来坚持优先发展教育,加大教育经费投入力度,但是我们注意到国内北京的各级教育生均经费支出远高于上海。另一方面,教育现代化应该面向全球、面向未来,要对标世界先进水平,这更给我们以挑战。按国际水平分析,目前我国教育支出占财政支出的比重是合理的,但是由于我国财政收入占 GDP 的比重偏低,导致国家财政性教育经费占国内生产总值的比例只能维持在 4% 左右的低位,远低于发达国家水平,教育优先发展和教育现代化还任重道远。

习近平同志最近指出,改革开放 40 年来,中国的快速发展很大程度上也得益于教育水平的提高。所以,确保对教育优先和足额的投入才有可能实现教育的现代化,同时也一定是对上海建成具有世界影响力的社会主义现代化国际大都市目标的有力支撑。

原载于 2019 年 3 月 29 日《上海中学生·高招周刊》

基础教育质量的"均值"与"方差"

浏览 12 月 7 日的《人民日报》,忽然一个标题中的"均值""方差"字样吸引了我,仔细阅读了,原来这是清华大学钱颖一教授的一篇短文,提出在学校教育中,应把"人才"看作是"人"和"才"两个维度,强调育"人"重于育"才",并引入统计学中的"均值"和"方差"两个度量,指出大学育人,要提"均值"减"方差"。

联想到近日由经济合作与发展组织(OECD)公布的国际学生评估项目(PISA)测试结果,2015 年由北京、上海、江苏、广东所组成的中国部分地区联合体位居总分第十。而之前由上海单独参加的 2009 年和 2012 年连续两次的 PISA 测试,上海均获得全球第一的成绩,极大提振了中国的基础教育界,验证了我们一直所说的中国的基础教育是世界最好的判断,进而有人提出,我们要为全世界的学生到中国来接受基础教育做好充分的准备。上海的 PISA 成绩也使得国内许多省份跃跃欲试,希望同样能够参加测评,以在国际评价中确认地位和优势,好在政府还是很慎重,派出了北京、上海、广东和江苏几个足以代表中国最发达地区的省市参加测试,这一结果多少还是让人觉得有点意外的。

上海前两次所参加的测评成绩"均值"很高,"方差"很小,即满足所谓的高位均衡特征。此次,四省市联合参与测评所反映的是"均值"不低,但是"方差"变大了,也就是一部分学生群体的成绩是低的,这有必要引起我们的警觉。据统计,北京、上海、广东和江苏 4 省市代表了中国发展水平最高的地区,其人均 GDP 位列全国各省市中前十,且都超过 10000 美元,按照世界通行的标准属于中等发达国家或地区水平,在收入分配、民生保障、公共产品供给等方面都应该居于领先水平,但是显然基础教育的发展均衡性没有达到预期。不敢想象,如果中国西部地区也有省份加入测评,我们这个世界第二经济体的基础教育将会呈现出什么样的状态。

基础教育的功能就是为提高全民族素质奠定基础,它强调的是对全体受教育者基本素养的培育,因此统一的标准是其最基本的原则,即追求最高的"均值"、最小的"方差"。但是长期以来,不同地区发展的不平衡,加上基础教育是以县级为主管理的体制,使得近几十年的经济社会快速发展仍然没能解决基础教育的均衡发展问题,甚而差距有进一步扩大的趋势。也就是说"均值"在提高的同时,"方差"也在扩大。目前阶段,或许大多数的政府管理者都疲于应对经济发展不振、社会矛盾冲突激发,但却没有认识到或不愿意正视这正是长期未能实现基础教育高位均衡发展所导致的。

高质量的基础教育,即基础教育的高位均衡,首先是指所有学校资源配置的一致性和标准化,即校舍条件、师资质量以及与培养关联的环境都是超越当时社会发展水平的,使得适龄学生无论在哪所学校都能享受到高质量的培养,东亚各国或地区在"二战"后的教育政策实施已经为世界做出了榜样。基础教育的高位均衡,也同时是指每个学生个体在所有方面的均衡发展,身体心理、知识结构、社会实践、情感价值观等缺一不可,构成了基础素养培育的基本内容,在统一要求的强力约束下共同达到必需的标准。

由于地区发展的不平衡、政策实施的不稳定,我国的基础教育整体发展难以达到全面高位均衡的发展,更何况,由升学竞争所造成的应试教育局面,以其"优质"部分掩盖了大多数的不公平、低水平。笔者曾在某所很著名的高中学校看到,高考升学质量很高,国际奥林匹克竞赛成绩也很好,而体育比赛方面也一直在世界上获奖,深入了解下来,学校是以自身的影响力收编一所体育运动学校,外出比赛靠体育运动学校的学生去获得金牌、冠军,学业考试竞赛靠本校原有学生去争取,然后对外宣称无论是素质教育还是学业培养都卓有成效。类似的办学模式近年来层出不穷,赚尽了荣誉和利益,也满足了各方参与者的需求,但对整个中国的基础教育发展却是有害无益,这也是"方差"逐渐增大的原因。

我们经常说基础教育是社会发展的基石,这个基石支撑整个国家和民族的经济、社会发展,要稳定、要平整,容不得崎岖不平,所以我们的唯一办法就是要追求中国基础教育最高的"均值"和最小的"方差"。

原载于 2016 年 12 月 16 日《上海中学生·高招周刊》

2020 年的现代化与 2035 年的现代化

经济合作与发展组织（OECD）近期公布了教师教学国际调查项目（TALIS）的数据结果，再次肯定了上海的教师队伍，连同之前上海学生数次参加的国际学生评估项目（PISA）测试结果，上海的义务教育显示出特有的优势。高中教育方面，通过 5 年的高考综合改革实践，上海高中学校已经全面建立起综合素质评价办法和学业水平考试制度。由于人口数量的周期性波动，各级各类教育也都有阶段性的压力，但上海建设高质量人才培养体系的成就十分显著。

今年 3 月举行的上海教育大会重申 2020 年将总体实现教育现代化，其核心要求是：让学前教育公益普惠、基础教育优质均衡、高等教育特色一流、职业教育贯通融合、终身教育泛在可选，让每一个学习者都能得到全面而有个性的发展。今年 2 月中共中央、国务院印发的《中国教育现代化 2035》中确定的 2035 年主要发展目标是：一是建成服务全民终身学习的现代教育体系；二是普及有质量的学前教育；三是实现优质均衡的义务教育；四是全面普及高中阶段教育；五是职业教育服务能力显著提升；六是高等教育竞争力明显提升；七是残疾儿童少年享有适合的教育；八是形成全社会共同参与的教育治理新格局。上海教育的现状以及正在加紧推进的改革都与国家确定的 2035 年目标相符，有条件率先实现教育现代化。

教育是民族振兴、社会进步的重要基石，但教育的发展与经济社会的发展呈现相互支持与相互制约的关系。一方面，人是生产力最具决定性的因素，高素质人口是经济社会发展最重要的动力和引擎，通过教育提高国民素质是经济社会可持续发展的必由之路。另一方面，经济社会的发展也决定了教育的发展，比如早期的农耕社会讲究天人合一，私塾成为教育载体，工业社会的大机器生产方式使得大规模统一课程模式的学校教育成为首选。研究表明，国内外各地区的教育发展水平都与所在区域经济社会发展水平高度相关,尤其是对经济社会产生重要作用与影响的创新人才培养,更是需要强大的经济社会支撑才能达成。我们有口号"再穷不能穷教育",贫穷下的教育是承担不了这一重任的,所以经济社会发展的水平也就决定了教育能够达到的高度。同时,经济社会的发展水平一般意义上也决定了人们对于自身发展的认识,无论是科举时代的"学而优则仕",还是诸如"读书无用论"或者"学好数理化,走遍天下都不怕"等想法,都反映经济社会的发展远未达到人尽其才以及人的自身完善发展的程度,教育所承担的更多的还是打破阶层固化、实现人生逆袭的工具责任。所谓存在决定意识,经济社会的发展水平决定了我们对于教育目的的认识。

理想的教育应该由高度发展的经济社会所支撑,由体现现代教育的硬件设施、培养体系和理念制度等构成,但中国各区域发展太不均衡,既有发达地区也有处于温饱底线的贫困地区,对教育的认识与预期一定存在巨大差异,即使是高素质的上海教师队伍,在 TALIS 调查中也反映出了弱项——有关信息和通信技术在教学中的使用,而这恰巧是未来社会所需要的基本素养。所以,2020 年上海教育现代化只是国家教育现代化总体规划框架下的发展成果,我们更要着眼于未来 2035年的教育现代化,那才是真正的理想教育。

原载于 2019 年 7 月 15 日《上海中学生·高招周刊》

第七章

教育科学治理

第一节　教育治理

教育治理尤其要突出人的价值

近日,上海市教委、上海市财政局、上海市人社局联合印发《关于进一步做好本市小学生校内课后服务工作的通知》,决定自3月20日起,在原有课后服务到下午5点的基础上,对家庭按时接送仍有困难的学生的免费课后服务延时到下午6点。此举获得学生家长和社会的高度赞赏,不仅解决了学生家长的客观困难,更体现了政府对学生的切实保护。

印象中,笔者的孩子就读小学时似乎没有这样的问题。如果在放学的时候接回最好,晚一点去接或许在哪个教室做功课或在操场上活动,如果再晚点去接,那就只能是在学校的门房了。回想起来,这样的情景就是现在所谓的学校课后服务了,确实解决了家长的后顾之忧。

这样的课后服务现在怎么成为一大新闻了呢?经查阅有关资料,早在1996年,国务院办公厅就转发了当时国家教委等部门的《关于在全国开展治理中小学乱收费工作实施意见的通知》;到2001年,更是在每年发文的基础上,以国务院纠风办、教育部名义发布了关于进一步做好治理教育乱收费工作的意见,具体列出相关政策16条,目的是制止教育乱收费、减轻学生负担。而前面所提及的课后服务,学校需要向家长收取一点费用以补偿看护教师的付出,也被归入了教育乱收费范围。经过不断的纠风整顿,到2006年类似"晚托班"的课后服务终于被彻底叫停。

没有了"晚托班","三点半难题"如一块石头始终压在家长的心头。

以后更有"晚托班"与"补习班"界限不清、人员安排遇瓶颈、经费没有来源渠道,直至"托管不是教师本职工作"的呼声,等等,使得放学看护成为社会的"老大难"问题。自2010年开始,在社会的持续呼吁下,上海市教委经过反复调研,逐步形成了一整套关于公益性质"晚托班"的形式、内容、经费支撑的办法,并在部分学校进行了试点。到2017年,公办小学逐渐恢复为家庭确有接送困难的学生提供看护服务,时间至下午5点。

尽管今天的课后看护服务与10多年前的"晚托班"内容相比发生了质的变化,不仅为家长解决了孩子放学早、无人照看的难题,而且可以丰富孩子的课后生活,有助于学生的健康成长,但就学校教育的看护服务而言,是没有本质区别的。这就使得我们必须反思教育治理的价值。过去那么多年高压下的一刀切"纠风",造成的结果就是把学生赶出学校,让毫无防范能力的学生直接面对社会的各种险恶,即使家长花了比原先更多的钱把孩子送进了各类看护中心,事实上也仅是让孩子面对更为严重的补习而已。所以,以整治"乱收费""乱办班"名义的教育治理,学校是清净了,但却在根本上违背了教育的基本原则和价值观。实际上不仅仅是类似"晚托班"的学生课后服务遭殃,像初高中学校的各种社会实践、校外研学、海外游学等,都在整治"乱收费"的名义下被取消,因此而造成的后果实在是难以想象。

教育的对象是人,教育治理必须以人的价值为先导和引领。此次,上海进一步将小学生的校内课后服务时间延长到下午6点,并由市财政局、市人社局会同教育部门共同发布这一政策,充分说明政府责任和义务的回归,真切希望全国各地的政府都能如此爱护我们的学生,这也是对国家和未来最大的责任体现。

原载于2019年3月8日《上海中学生·高招周刊》

校长陪餐：教育管理还是市场管理？

　　从本周起，全国开始实行中小学、幼儿园集中用餐陪餐制度，每餐都有学校相关负责人与学生共同用餐，并要做好陪餐记录，及时发现和解决集中用餐过程中存在的问题。这是源于教育部、国家市场监督管理总局、国家卫生健康委员会于 3 月中旬公布的《学校食品安全与营养健康管理规定》，媒体以"校长陪餐"作为标题进行了广泛的报道。或许是因为笔者在担任高中校长期间有不少与学生共进午餐的经历，不少朋友因此与我讨论，一个疑惑就是：校长陪餐到底是教育管理，还是市场管理？

　　从发文的三家机构的职能分析，教育部是主管全国教育事业和语言文字工作的部门，是学校的最高行政管理机构；国家市场监督管理总局既管一般的市场，也负责食品安全监督管理，主要管理对象是生产者和经营者；而国家卫生健康委员会自然是负责学校卫生等公共卫生的监督管理。所以，三家发文主体达成一致，把学校的餐饮安全责任落实到了校长身上。

　　但是细究下来，学校的食堂运营有多种模式，如由教育系统的配餐公司统一负责中小学的供餐，那学生用餐安全应该由配餐公司负责；也有不少学校通过正常招标程序引入社会餐饮公司入驻食堂经营，那作为市场主体的餐饮公司应该全权负责学校食堂的用餐安全；还有一种是所谓学校自办食堂，即学校自行组织一个食堂运营团队，为学校师生供应餐饮，那学校就应该承担食品安全的责任。以上海的情况来看，学校食堂的运营以前面两种方式为主，食堂安全的责任也就应该由市场主体来承担。所以，三部委的规定一出，教育系统自然有了校长是否还要管理市场的疑问。

　　实际上类似的情形有很多，如海南有所学校租用租车公司的车辆组织学生外出活动时，因司机驾驶不当发生车祸，本来就是一起交通事故,完全有法可依,但上级单位以学校未报备为由追究学校领导的责任。浙江有一所高中的学生暑期参加海外游学,所乘坐的海外航空公司飞机在降落时发生事故造成伤亡,尽管是很不幸的事件,但本质上也只是一起航空交通意外,然而有关部门的反应是紧急叫停并整顿学校的游学项目。凡与学生有关、与学校有关的事件,都得由学校承担理应是社会主体或市场主体应该承担的责任,这似乎成了惯例,学校自然是不堪重负、难以承受。

当然,并不能由此认定三部委的规定是混淆了食堂安全的责任主体,因为全国有相当多的学校,尤其是广大农村地区的学校,出于控制办学成本或教育投入不足的原因,多采用自办食堂模式,确实存在很大风险,需要通过这样的规定把责任压实在校长身上,但是所有的规定不应该模糊市场的法定主体。如今,全国的扶贫都能做到针对不同贫困区域环境、不同贫困农户状况,运用科学有效程序对扶贫对象实施精准识别、精确帮扶、精确管理的治贫方式,而素有因材施教美誉的教育界,其管理模式却还不如扶贫管理,值得深思。

学校教育的本质是立德树人,培养德智体美劳全面发展的社会主义事业建设者和接班人,因此校长和教师的主业就是要陪伴、引领、教导学生的全面成长,这是所有教育工作者的职责所在。我们应当以实施三部委规定为契机,建立校领导、教师与学生共同用餐的机制,这既是为了及时发现和解决集中用餐过程中存在的问题,更是为了加强与学生的交流,了解他们的所思所想,从而增强教育的针对性。只有这样的认识和定位,才符合教育的本义。

原载于 2019 年 4 月 5 日《上海中学生·高招周刊》

升学季的焦虑及思考

春天是真正的升学季。

我们近期接待了不少大学的来访,其中也包括港台地区的大学,他们来上海考察学生,或是进入高中开展招生宣传。可以想象,正潜心复习的高三同学时不时会被通知去面见来自高校的老师们,同学们的升学计划将在与大学的互动中得到加强或调整。同时,相当一部分的初三同学有了密集赶考的经历,管理部门对高中自主招生的规范,使得许多初三学生不得不作出到底到 A 校测试还是到 B 校测试的痛苦选择;而高中学校同样面临选周六还是周日的抉择,还无法预估前来的学生是经过报名筛选的还是临时上门的。有学校门可罗雀,也有学校仅名单之外的考生就达到上千人。

高三同学的淡定是因为大学实行统一高考录取制度,高考成绩是最为根本的依据,所以把注意力都集中在了高考复习上。尽管开展提前选拔的高校都是中国最好的大学,但招生人数只占全部计划的 2% 或 3%,所辐射的群体极其有限,难起波澜。而初三学生蔚为壮观的赶考源于对统一考试录取与择优选拔之间比例认识的不一致。目前,市和区实验性示范性高中办学规模已经超过全体学生的 75%,市级实验性示范性高中招生人数占近一半,可见在整体上,高中就读的优质资源是有保障的。不过,市级实验性示范性高中的提前招生比例也达到了 40% 左右,包括自荐生和推优生,而这部分的提前招生以学校的自主测试作为依据,造成学生不参加学校测试将无缘优质教育的焦虑。实际上,每年以中考成绩为依据的零志愿、一至十五志愿以及名额分配的招生录取占市级实验性示范性高中录取人数超过 50%,所以中考录取依然是高中招生的主要渠道。我们注意到,很多同学在提前招生测试中备受打击,但中考完了依旧能够如愿以偿,所以近 40% 的提前招生规模是否偏高了? 至少这样规模性的测试招生明显误导了许多考生与家长。

如果说目前阶段大学招生的平静与高中招生的热闹还有迹可循的话，那么小学升初中的感觉就是最无奈的。在严厉的监管下，传统的"小五班"销声匿迹，很多钟情于民办初中的学生和家长没有了入学通道，倍添烦恼；而长期习惯于培训、考试、选拔的民办学校也一下子找不到合法、合理的招生方法，手足无措，真怕长期积累起来的优质办学声誉受到影响。与之相对的是体制内的所谓实验学校大张旗鼓地开展着初中甚至小学的入学选拔测试。这类学校各地都有，其特征是由教育部门举办并直接管理，享有覆盖全区域的招生政策以进行大规模的生源筛选，实施十二年一贯制培养以保留优秀生源，并在校园建设、教学设施以及师资队伍配置上占有优势，加上公办免费或低收费特点，使得学生和家长趋之若鹜。他们占据着政策和资源的垄断地位，与民办学校相比，倒是像极了央企与民企的不同待遇和地位。以往民办教育和市场培训蓬勃发展，与这类学校一起满足学生和家长的多元需求，虽不合理但无明显冲突，在如今规范义务教育办学秩序的形势下，所谓实验学校的所作所为严重扰乱了教育生态，也大大弱化了政府的监管价值。

人们的焦虑来自未来的不可预知，升学焦虑既是对即将到来的教育质量的担忧，也是对再下一阶段升学，以至未来升学竞争力的担忧，所以只能寄希望于眼前的所谓优质资源。现代教育的基本模式是在政府的优先投入与无差别的公平管理下，确保所有学生在义务教育或基础教育阶段接受同样的、高质量的、德智体美劳的全面培养，以均衡社会公众的教育预期。另一方面，还要强化高等教育的学术性以提升人才培养的质量与效率，所以我们对于升学选择的思考不妨更长远些，学业和学术的竞争更多是发生在将来的。前一阵，南方科技大学特别通报，当年录取的 15 名上海学生今年毕业，有 9 名同学申请赴海外名校继续硕士和博士学业，其中 4 名同学由录取学校提供全额奖学金资助博士阶段学习。我们特地查阅了 4 年前的高考成绩，这些同学的成绩排名也就是一般的原"211"高校录取分数，毕业高中也不是所谓的四大名校,按一般理解,大学将会是他们最后的全日制教育阶段,但他们有勇气选择了新生的南方科技大学,而关键恰恰是南方科技大学所坚持的学术立校和高水平的学术培养促使他们成才,这应该是所有学生和家长在升学季要思考的未来之选。

原载于 2019 年 4 月 19 日《上海中学生·高招周刊》

年年如此的升学焦虑,似乎谁也没有错

过去的一个周末,对本市众多中小学生来说,真切经历了一场升学的招生考试。具有提前招生资格的 70 余所高中学校名正言顺地举行了选拔测试,民办中小学按照要求对幼升小、小升初的学生开展了招生面谈,连准备把孩子送入幼儿园的家庭也在上周末开始网上报名预约。据媒体报道,全市幼升小信息登记者 18.20 万人,小升初信息确认者 14.32 万人,加上参加高中提前招生选拔的学生,可以说义务教育阶段面临升学的家庭几乎都参与其中,这一定是会形成社会热点的,周六一早就有家长在网上分享孩子参加活动的直播了。

实际上在 3 月已经有部分高中获得允许先期进行了开放日或联谊活动,其实也是选拔测试。教育行政部门也是忙得不亦乐乎,派出各种小组前往热门学校进行督查,以免学校偏离既定的路线,还回收测试试卷和面谈影像资料进行评估。在这样严格的管理下,尽管大家都很忙碌,但气氛一定是非常祥和的。

稍稍远离一点观察,似乎最近若干年,每到升学季都是如此。从春节伊始,所有相关者必然是神经紧绷。教育行政部门大会小会提要求讲规矩,还不能忘记向社会传递正确导向;学校一定是正面表态,背后小动作不断;而家长们更是焦虑万分,摸不着头脑找不到门路;各种培训机构和网络平台则趁机贩卖焦虑,进行各种收费。

以社会分析方法观察各个利益主体,教育行政部门肩负着推行素质教育、稳定教育秩序以及引导社会的责任,任何与之相违背的并且会引起社会波动的事项必须坚决加以控制,尤其现在是以稳为主的年代,更要以防万一,没事最好;学校作为办学主体,招收优秀学生是其职责所在,所谓"得天下英才而教育之"是颠扑不破的真理;而孩子的家庭承担着孩子未来发展的责任,千方百计要让孩子接受优质教育、有一个美好的人生更是无可厚非;至于社会办学机构,按照市场规律,哪里有需求,哪里就有盈利机会。如此看来,谁都没错,因此就年年如此了。

升学的主体对象是学生,毫无疑问,与之关系最为直接的利益者是家庭和学校,他们的共同利益目标就是优质教育,无论是学校要办成优质的教育,还是孩子要享受优质的教育。由此看来,学校和家长追求优质教育的想法、行为是天经地义的,也是现代法律中承认的社会利益。从社会发展视角看,正是因为作为社会基本组成单位的家庭和学校有如此强烈的上进心,社会才有进步的基础和动力。所以,社会有责任支持和保护他们对优质教育的追求,这更是教育行政部门的责任。

教育是民生,其含义就是教育是民众的刚需,只有给予满足才是解决之道,更何况这样的追求是社会进步与发展的基础。但是我们的发展总是落后于大家的需求,所以才有矛盾冲突,才有要改善民生一说。这让笔者想起了春运,数十年来多少人把传统的春节相聚视作畏途,但近年来春运却不那么被关注了,这是因为高铁建设彻底改善了春运的格局。同理,解决教育问题之关键就是增加优质教育资源的总量,这才是管理的根本出路。在目前优质教育资源欠缺的情形下,提升基础教育的均衡性成为教育管理的当务之急,要把有限资源投到薄弱学校,显著提高这部分学校的校园环境、设施设备、师资队伍。只有这样,我们的学生、家长才能有预期,才会有信心。

每年国家公布的教育经费执行情况都会给我们一个投入很多的印象,但在世界各国教育经费占 GDP 比重的列表中,我们是十分靠后的,这从根本上制约了教育的发展。本着教育优先发展的理念,还是要有与经济发展相适应的教育投入为经济社会奠定可持续发展的基础,这也才是以人民为中心的治国理政。

原载于 2019 年 5 月 24 日《上海中学生·高招周刊》

优质高中招收学生来源分析

由于高考改革，2017 年高考招生成了上海教育的年度热点。不过，就目前情况而言，家长对幼升小、小升初学校的招生却更为关注。上海在义务教育阶段对公立学校实行严格的学区划片入学政策，使得家长对民办学校招生、学区房迁移等择校话题的探讨大热，但估计等这个招生阶段过去，家长、学校等各方参与者也评估不出什么结果，因为教育实在不是择校那么简单。

之所以会形成这样的热点，按照部分家长的说法，是因为近几年高水平大学的生源愈来愈集中于市实验性示范性高中，而市实验性示范性高中的生源似乎又主要来源于若干所民办初中。许多培训机构在网上发布高中学校生源分类排序，也让大家加深和强化了这种印象——只有进入那几所民办初中才有可能进入优质高中，将来才有可能升入高水平大学。这样的想法导致民办初中的招生成为热点。

我对此是持怀疑态度的。网上公布的高中生源信息往往仅强调了部分高中自荐生的来源。我选择了几所高中学校去年招生的实际数据进行分析。一是 4 所本市最为热门的高中，去年一共招收 1500 多名学生，其中，来自公办学校的学生占 43％，看起来似乎来自民办学校的学生所占的比重较高，但是在推荐生中，公办初中学生占 50％，在零志愿及一至十五志愿学生中，公办初中学生占 52％。另两所是属于有"八大"之称的老牌优质高中，去年一共招收 600 余名学生，其中公办初中学生占 65％；按招生类别，在自荐生中，公办初中学生占 53％，在推荐生中，公办初中学生占 71％，在零志愿及一至十五志愿学生中，公办初中学生占 68％。所以，除四校的自荐生（一般占招生人数的三分之一）来源比较集中于民办初中外，市实验性示范性高中的招生来源主体必定是公办初中的学生。

高中是既属于基础教育又具备相当选择性的教育，学校的招生和培养自然有一定的竞争性。而政府制定的招生政策肯定会兼顾不同的学生,让不同条件和状态的学生各得其所是最理想的,无论如何,统一考试一定是适合大多数学生的。如果我们以为自己的孩子适合所有类型的招生,其结果必然是不断尝试并带来更多的失败,也让孩子承受了超出其能力范围的压力,这是最不可取的。在这种境况下,家长不仅将自己置于无端的烦恼和焦虑之中,更可怕的是,还将不断向孩子、向社会传递负面情绪。

我们要十分理性地认识孩子成长的系统性和综合性,而为孩子营造身心健康成长的良好环境是最为根本的,在这基础上再附上知识、情感、竞争等其他各种元素,这应该成为我们考虑孩子升学路时的正确态度。

原载于 2017 年 5 月 19 日《上海中学生·高招周刊》

浅议高中学校的升学排名

对学校的各种升学排名总会引发关注，在网络环境下也是求得关注的重要形式，诸如"中国高中 100 强""中国高中排行榜""四大名校八大金刚"等，有些榜单与大家的认知比较接近，有些则比较牵强，这也说明难有公认一致的评价指标。

高中教育作为基础教育的最后一个阶段，一直深受升学竞争的困扰。尤其中国的高中，无论如何有特色地办学或培养，都不得不接受高考升学的检验，久而久之，优秀的高考成绩就成为高中办学的目标。因此，比较学校之间升学质量差异的指标以高考平均分最为直接，包括各学校学生所获总分的平均分和各科目的平均分。每年的高考成绩一公布，学校总会以各种方式获得学生的分数，计算出自己学校各科目的平均得分，然后与其他学校进行比较。记得某年的一个场合，本市一所高中的某科目平均分数超过了一所老牌高中，该校校长的得意之情溢于言表，令人印象深刻。甚而学校内部也是以各科目的高考平均分数作为给高三任教老师颁发奖金的依据，其计算方式通常是依据各科目的高考平均分在全市、全区或本校的排名。

我总有一个疑问，平均分数的高低当然是由所有学生的高考成绩构成的，但并不反映学生的升学结果，何以成为高中升学的评价指标？反之，追求高考平均分严重不利于部分学生进行高考的复习准备，我们时常能听到教师抱怨自己年级或班级的个别学生会拉低分数，甚至有劝退低分学生，让其不参加高考，或让准备出国的学生承诺不参加高考的情况发生，其功利性昭然若揭。

除去平均分指标之外，也有学校以进入原"985"院校或重点本科院校的学生人数作为评价学校升学质量的依据，或者以本科院校录取率作为依据。从合理性而言，这样的指标更能反映学生的升学结果，能比较好地评判高中的升学质量。但是，由于不同高中学校享受的中考招生政策不同,造成学校之间的生源和办学水平严重分层,所以也难以形成对高中学校升学情况的整体评价。

随着上海高考综合改革试点的推进,高校提出了招生专业对高中科目学习的要求,高中学生也具备了"6选3"科目组合的自主选择权,使得高中升学既与高考总分有关,也与学生所选科目的组合有关,以高考平均分作为评价指标就失去了意义。但从高中学校对今年毕业生的有关统计看,仍然关注学生的高考总分分布,同时更加重视各等级考科目所获的等第水平,比如学生在不同科目中获得 A⁺ 的比率、A 的比率等,并以此作为学校之间、科目之间比较的依据。按照新高考方案,科目的等第部分代表了可获得的高考分数,但仅仅这样还是忽略了学生的科目组合对升学机会和升学质量的影响。

以今年的高考录取数据分析,选择不同科目的学生,被高水平大学录取的机会差异极大。比如,在录取考生中位列高考总分前 20% 的近 9000 名考生当中,选择物理科目的考生占比超过 70%,其中被原"211"等高水平大学录取的近 7000 名考生里,选择物理科目的考生占比超过 74%;同样,在录取考生中位列高考总分前 30% 的 13000 多名考生当中,选择物理科目的考生占比超过 65%,其中被原"211"等高水平大学录取的近 8000 名考生里,选择物理科目的考生占比超过 72%。

由此可见,新高考方案已经超越了我们对高中升学质量评价的一般认识,任何单一指标都是无法全部涵盖的,我们要关注的应该还是高中是否能主动适应新高考方案,通过教育教学改革整体提升培养质量。

原载于 2017 年 12 月 1 日《上海中学生·高招周刊》

浅议中考招生改革

上周,市教委公布了上海中考改革方案,这是备受学生、家长关注的大事。

与高考相仿,中考的改革集中于学业水平考试、综合素质评价及高中招生录取三个方面。改革方案明确了初中各科目的全学全考,既对所有学科的知识学习提出了要求,也特别关注了学生的跨学科学习能力与动手能力,提出了外语听说、理化实验和案例分析的测试要求。改革方案提出了初中学生综合素质评价制度,对学生在品德发展与公民素养、修习课程与学业成绩、身心健康与艺术素养、创新精神与实践能力四个方面的表现进行记录评价,使得上海初高中学生的综合素质评价保持了一致性。中考改革最受关注的焦点应该是高中学校招生录取改革,这直接关乎所有学生是否有更平等的机会享受优质高中教育资源。在实施学业水平考试办法和综合素质评价制度的基础上,改革方案强化了实验性示范性高中招生计划的统一分配,将更多计划投向一般的初中学校,相比目前实施的招生录取方案更具公平性。

基础教育属于基本公共服务范畴,是提高国民素养、实现国家发展的基本途径,也决定了社会每位成员成长的起点和未来发展机会的公平,世界各国通常以法定方式提供统一的、无差别的教育。我国的高中教育虽未纳入义务教育,但其招生办法涵盖了对初中(义务)教育阶段学习的评价,应该充分体现初中整体办学的质量。但最近 10 余年上海高中的自主选拔招生所占比例一路走高,包含自荐生和推荐生的提前批招生约占顶尖高中招生计划的 60%、一般市实验性示范性高中招生计划的 40%。一方面,这样大规模的提前招生,导致参加选拔测试的学生越来越多,高中也只能通过增加科目难度的书面测试加以区分和选拔,其结果是初中的学科教育越发狭窄,参与补课的学生呈爆发性增长,最终陷入无人不补课的境况。另一方面,大部分民办初中的学生是通过选拔录取的,他们在高中提前招生选拔测试中的整体优势得到充分体现,而占学生总数85%的公办初中学校却毫无竞争优势,事实上否定了以公办学校为主体的义务教育,破坏了教育生态。

高中的提前选拔招生实质是鼓励有条件的学校通过自主招生和特色培养助力创新拔尖人才的成长。事实上,仅就初中毕业生而言,一定是凤毛麟角,人数少之又少,但高中学校却通过高比例的自主招生机制获得了生源优势,也决定了其高校升学的比例与质量,这与我们一直倡导的高中特色办学背道而驰。近几年北清复交4所高校在上海的录取数据清晰地表明了这一点,即生源愈加集中于少数几所高中学校。所以,我们寄希望于此次中考改革能加大力度,通过系统性改革重塑健康的基础教育生态。

我们对中考改革、包括高考改革的认识也要加以提升,比如我们经常会把减负作为评判教育改革的标准,这往往是错误的。基础教育的实质是确保所有学生所受教育的完整性和基础性,包括身体心理健康、文化知识学习和实践能力培养等,为将来的终身发展打下坚实的基础,以这样的标准去审视目前的教育,自然就需要通过改革来达成理想教育的实现,这应该是中考改革的动力与价值所在。

原载于 2018 年 3 月 30 日《上海中学生·高招周刊》

教育信息的传播

　　教育是民生，社会的每个成员或多或少都接受过教育，对于教育的感受既深切又各不相同，所以教育信息的传播就具有广泛社会性的特点。由于不同的成长背景与职业生涯，人们对教育新政或措施的认知与评价也各异，恰逢当下的自媒体时代，大家通过网络能够充分表达各自的关切和关心。比如，本市目前实施的普通高中学业水平考试实施办法，当年也是通过接受网上的意见才得以完善的，所以社会对教育信息的广泛关注有效促进了教育的改革。

　　但在市场和资本的作用下，教育信息的传播也时常掺杂不和谐的声音。官方的媒介受限于版面或用词用语，往往会淹没在更多来自网络的信息传递或解读中，使得公众所获信息的完整性受到干扰，进而影响对教育政策或方案的准确理解。特别是每年的教育考试和招生的信息，由于其所涉及的学生和家长仅是一届，并无经验可言，而考试招生方案通常被称为教育的指挥棒，具有相当的影响力，因而在相关信息的传播过程中，如同在影视作品中植入广告那样，经常会发生考生和家长在不知不觉中被误导的现象，不仅会引发家长的焦虑情绪，增加家庭的教育支出，还会干扰学生的健康成长，这就更是令人担忧。

　　在现今媒体及技术发展的背景下，教育事业的发展也促进了其自身专业媒体的发展。如本市教育电视台开播至今已有 25 年，不仅软硬件设施有了极大提升，在宣传理念和宣传手段上也有了与时俱进的发展。多年来，它在招考领域为招生院校和考生搭建了一个平台，以视频方式持续传递政府的招考政策，宣传高校的培养方案和院系专业。在 2017 年上海高考综合改革全面实施的关键时刻，教育电视台围绕考试科目、招生模式、志愿填报等全新的高招改革内容开展了全方位的正面宣传与权威解读，起到了积极的作用。近年来，教育电视台不仅以传统的电视形式，还通过微信公众号、网络新媒体等方式，把教育信息更广泛地传递给考生、家长和社会,增强了宣传的及时性、实用性、互动性和服务性。

教育的社会性使得各种各类媒体关注教育信息。教育是为未来社会奠基的事业,现在的学生所接受的教育的内容、培养方式、知识水平不仅决定了他们各自的人生,而且决定了国家和民族的未来,所以价值观始终是教育最为重要的核心;另一方面,现代教育作为世界文明传承的主要方式与载体,数百年来的延续发展证明其生命力无与伦比,充分体现出教育自身的专业独特性。因此,教育信息的传播需要具备上述特点的专业媒体有所担当。就全国而言,教育专业媒体不仅数量很少,社会影响力更为有限,通常还都面临生存危机,与当前教育的改革与发展形势极度不匹配。如何借助当前的教育改革与发展契机大力发展教育专业媒体,准确传递和解读党的教育方针,宣传教育发展规律,提高人才培养水平,这需要教育人和媒体人共同去思考。

原载于 2019 年 3 月 1 日《上海中学生·高招周刊》

第二节 改革发展

改革需要在稳定的环境中加以完善

本周,市教育考试院开通了 2018 年春考的成绩查询,同时发布了春考成绩的频数分布表,以支持考后志愿填报。

本次春考的类型之丰富、形式之多样与去年相同,既有考生报名参加语文、数学、外语 3 个科目的春季高校招生考试,也有考生报名参加上述 3 科目的学业水平合格性考试,还有考生仅参加外语考试,因为成绩同样可以用于秋季高考的招生录取;既有传统纸笔考试,也有外语听说测试的人机对话考试,还有外语的听力考试。尽管人数增长、考务复杂,但因为有了去年的实践与经验,考试组织各环节的工作相比去年要从容很多。

由此想到,凡真正意义上的改革必然是对原有体制或模式的突破,都要经历伤筋动骨的过程。从 2014 年开始的高考综合改革,就是在制度上推动了上海高中教育培养内容、教学组织模式的改革,而 2017 年全面实施的诸多考试、招生改革更是对以往数十年招考模式的颠覆。比如"3+3"科目的考试模式,外语科目的一年两考和听说测试,数学试卷的不分文理,思想政治、历史、地理、物理、化学、生命科学 6 个科目的学业水平合格考和等级考,不分文理的志愿填报和招生录取,等等,从形式到内容都是上海高考的历史性变化。这么多变化同时发生符合系统性改革的特点,但也不得不承认,所有参与者都会经历从初期迷茫、无助甚至混乱,到逐渐理解、有序、顺利实施的过程,强大的思想引领、强有力的资源保障是改革成功的关键因素。

　　系统性改革往往影响深远,而成效却需要经过相当长时间才能反映出来,尤其是教育改革具有长周期的典型特征,对改革成效的评判以及相应的政策调整更要慎之又慎。此次高考综合改革是 40 年来最为系统性的改革,除我们已经感受到的高中教育变化,对高校的教育教学改革、对基础教育培养的价值认识等方面的影响远未显现,而目前所看到的反应与获得的反馈也多产生于基础教育领域或直觉印象,这是因为改革所给予的体验无法从以往的实践中获得,许多参与者瞬间失去了参照基准,惶恐之间自然提出了对改革政策和路径进行修正的要求。新旧体制的政策差异、不同模式的效果呈现自然都是不同的,新与旧之间充满矛盾,需要在持续稳定的环境里加以理顺,一旦疏忽,很容易回归老路,所以确保改革所重构的新体系得以完善,并可持续地运转是改革深化要面对的长期任务。

　　2018 年上海春考的报名方式、命题原则、试卷结构、考试组织、成绩评定、录取规则等依然实施去年的改革方案,但就志愿填报的时间进行了更为合理的调整,以提高其有效性。总体不变,略有调整,在持续的稳定中加以完善,这使得考生、学校、社会可以从上一届考生的经历中获得认知,考试招生的实施方也可从以往的经验中进行创新,而政策的制定者完全可以预期所有的结果,这是最为理想的改革的深化。

原载于 2018 年 2 月 2 日《上海中学生·高招周刊》

浅议浙江高考英语加权赋分事件及影响

近期,浙江高考英语加权赋分事件引发社会关注。由于实行高考外语科目一年两考且考试成绩两年有效的政策,对不同时间考试难度及成绩的一致性要求陡然上升,成绩分布出现波动就会导致录取公平性问题。按照浙江省教育考试院的解释,此次因为部分试题与去年同期相比难度较大,为保证不同次考试之间的试题难度大体相当,对部分试题进行难度系数调整,实施加权赋分。这一做法引起社会对高考公平性的广泛质疑,形成社会舆情。经过浙江省政府组织的调查,被认定"是一起因决策严重错误造成的重大责任事故",决定"取消此次考试的加权赋分,恢复原始得分,对相关职能单位和有关责任人分别追究责任,其中包括免去省教育厅和省教育考试院主要领导的职务"。应该说政府的回应非常及时,跟进的组织处理也异常迅速。

从所披露的信息分析,此次事件的错误是在于对规则的擅自改变。按照浙江省高考综合改革试点方案的规定,"语文、数学、外语每门150分,得分计入考生总成绩",而此次实施的加权赋分改变了考试"得分"。尽管加权赋分是解决各次考试难度不同导致成绩差异的可选办法(相信众多收到英语科目原始分的考生对此会有深切体会),但"正义先于真实""程序优于权利",违反了程序正义,被取消和追责理所当然。这也提醒相关政府部门和考试机构,任何决策或方案的实施必须严格遵循程序公平。

大学招生的功能是评判申请者是否符合本校的入学条件并能顺利完成大学学业。但在我国,由于高等教育资源难以满足众多学生的入学需求,实行按省域制订招生计划并设置统一科目考试,以确定考生的入学资格,再统一提供高校作为招生录取的对象,所以高考不仅是对考生学业的评价,更是对考生入学资格的确定。伴随改革开放近40年的发展,我国的教育已经到了重构培养模式、为未来社会培养创新型人才的关键阶段。以"两依据一参考"为核心的新高考改革完全顺应新时代新形势的发展要求,也促使高考回归学生学业评价的本来功能。改革向考试机构提出了新的挑战。不同于以往仅仅是按照考试成绩从高到低、根据招生计划数划定录取资格线,而是要采用更为科学的方法测评出考生各学科的真实水平与学习能力,并给予一致性的比较与评价,这样才能解决外语多次考试的一致性、不同科目考试评价的等值性等新问题,但这样的方法与结论显然超出一般公众的认知。在我们的考试机构普遍缺乏学术实力与专业能力的背景下,面对"同一张试卷同一条分数线"的"公平"要求,这样的"科学方法和评价"往往是脆弱的、不堪一击的。

这起事件势必对高考综合改革的推进造成负面影响。随着进入高考改革进程省份的增加,限于所处地域教育资源配置水平,各自对于上海、浙江的改革实践与自身环境的比较有了更多观察的视角,也引出了更多的困惑,尤其对等级赋分制、多次考试一致性等政策存有疑虑,此次事件加大了公众担忧的程度,客观上影响了改革的信心。即便对于考试组织机构的业内人士而言,尽管深知考试评价必须经历维度设定、指标设计、试题命制、考试实施、考生作答、细则制定、得分判定、分数转换等过程,最后通过分析才能得到评价的真实信息,这一事件的发生会使大家对诸如加权、赋分等科学方法噤若寒蝉,避之唯恐不及,面对动辄追责的大棒,保持原样则是规避风险最合适的选项。甚至对改革已经起步的省份,也会在心理上形成强烈的暗示,更难免会有某些管理者,以公平、稳定的借口,推迟改革进展,以赢得"民心"。

因此,对富有教育情怀又有科学头脑的从业者来说,面临的问题不是没有先进理论,不是没有科学方法,也不是没有成熟做法,而是必须以足够的耐心,把握好公平与科学、稳定与发展之间的平衡。一着不慎,满盘皆输,这或许是浙江高考英语加权赋分事件给我们的警示与启示。

原载于 2018 年 12 月 14 日《上海中学生·高招周刊》

为何推迟启动高考改革?

近日,河南、四川等部分省份推迟启动高考改革。消息一出,再次引发大众对高考改革的讨论热情,围绕诸如新高考是否适应现今社会发展水平,文理不分是否导致学生无序选择,综合素质评价是否会引发社会不公,以及上海、浙江试点是否成功等话题都有许多争论。

新高考以"两依据一参考"为核心,在坚持立德树人,聚焦培养学生的社会责任感、创新意识和实践能力,促进人的全面发展和社会全面进步等方面完全顺应新时代新形势的发展要求,因此高考改革的目标和导向是不容置疑的。但与以往注重考试科目、高校招生的改革不同,新高考对基础教育的系统性改革要求非常之高。

新高考实行高中学业水平考试制度。学生在达成普通高中学科教育基本要求的前提下,可以在思想政治、历史、地理、物理、化学和生命科学等科目中自主选择 3 门科目进一步学习并参加等级性考试,成绩计入高考总成绩。这一制度既满足了学生对学科的兴趣与爱好,又延伸了高校的专业培养对学生学习的引导。但制度安排也带来了高中教学组织的重大变革,延续数十年的班级授课制要转型为选课走班制,各科目任课教师的配置因为学生对科目的选择发生了变化,教室空间也因为学生选课走班而捉襟见肘,甚至编排不出新的课程表。

新高考实行学生综合素质评价制度。学校要把对学生的全面培养纳入学校教育,覆盖思想教育、学业指导、研究性学习和社会实践的全部内容与过程,并把学生的表现准确无误地加以记录。这就要求高中学校建立全员德育机制,全方位地关心关注学生的成长过程。相比教学机制的完善,伴随教学过程有课程标准、教学大纲、教材、考试要求、试卷与成绩评价等作为支撑,还有教务处、教务员等相应的管理体系支撑,然而素质培养却往往停留在概念上,并无机制与配置的支持。要实现这一目标,学校教育就必须将职业体验、社会实践、研究性学习、升学指导等内容完全纳入学校的培养体系中,并重构满足全面培养要求的学校教育管理体制与机制。

所以,新高考改革对高中学校资源配置,甚至整个基础教育的资源配置都提出了要求。然而,现实是我们的基础教育还在为消除66人以上的超大班额而努力,尤其是处于县城或城市的高中学校,承接了因城镇化人口转移和劳动力转移所带来的就学压力,有的省份超大班额的数量超过全省高中班级的一半。设想一下,50平方米的教室挤进了70多位学生,课桌上教材、教辅书和试卷堆积如山,狭小的空间不仅危害学生的身体健康,还加重了教师的工作负担,更遑论教育质量。如此低水平的教育资源配置水平远不能满足学校教育教学活动的基本需要,新高考所要求的选课走班、综合素质培养等当然更无从谈起。

由于我国实行以县域为主体的基础教育管理体制,地方财政能力的强弱决定了当地教育经费投入的程度。尽管10多年来教育经费处于连续增长中,中央和省市也通过财政转移支付手段加以均衡,但国家的地理空间和行政空间无比庞大,经济社会文化发展的地区差异程度显而易见,导致同一省份的基础教育也存在较大的地区差异,确切地说,我们各个地区教育的起跑线是不同的。因此,不少省份在系统评估本省基础教育发展水平后,作出了推迟启动高考改革的决定。

新高考改革让我们再一次认识到我国基础教育存在的巨大差距,政府必须加大教育投入,提高资源配置水平,满足新时代高考改革的要求,全面提升人才培养质量。

原载于2018年10月19日《上海中学生·高招周刊》

从新加坡教育改革看教育与经济社会发展的相互适应

在近日举行的"2017考试评价国际研讨会"上，来自新加坡考试与评鉴局的官员向我们介绍了新加坡正在进行的教育改革。新加坡政府为适应未来社会对人才的需要，保障经济社会的可持续发展，加大了教育改革力度，提出了以学生为中心，以价值为导向，注重学生的品格、21世纪所需技能的教育，为学生的未来奠定基础。在具体策略上，他们针对学生在学术、社交与情绪、价值观和兴趣等方面的发展开展全面评估，特别是小学毕业考试采用等第制，中学招生时关注学业成绩之外的学生特质，如意志力、良好品格和领导能力等内容。

处于高考改革、中考改革关键阶段的中国同行，相信包括广大的教师和学生家长，对上述文字也是十分熟悉的。确实，或许是相似文化背景的原因，新加坡青少年的学业竞争非常激烈，尤其反映在小学升中学的考试阶段，如果学生的成绩能跻身前列，那么就能享受随后的初中优质教育，也奠定了学术发展的基础，所以新加坡学生在六年级就完成了人生的第一次分层。因此，办好每一所学校，尽可能完整地评价学生发展的方方面面，引导社会理性看待学生成长和正确理解学校教育，成为教育改革和考试改革必须面对的问题。

回顾新加坡的教育改革，可以从经济社会的发展阶段加以分析。新加坡在1959—1978年的工业化发展期间，教育的任务是尽可能提供学生升学的机会，办学校、扩大招生成为这个阶段的教育导向；到了1979—1996年，完成了初步的工业化，经济发展进入资本与技能密集型产业主导阶段，诸如重点学校、优质生源等成为教育追求效率的佐证，学生承受了巨大的压力；而到了1997—2011年，已经是知识经济发展阶段，相应的教育也更加注重以学生的能力和理想为导向，学生的选择性大为增加，但是在追求最优质的教育方面改善不多，竞争依然激烈。所以，新加坡从2012年开始新一轮改革，坚决提出了"全面教育"的方针,基础教育降低学术难度,增加综合培养的内容。

按照马克思主义的辩证唯物主义观点,生产力决定生产关系,经济基础决定上层建筑,教育的每个发展阶段与经济社会的发展阶段是可以相互印证的。只是中国地域辽阔,经济发展和社会发展水平差异明显,从东到西,各种发展阶段的教育共存,显然做不到同一个政策下的齐步走,任何关于教育发展平均水平的衡量或解释都意义不大。尤其,教育是关于未来的事业,当前的教育水平决定了未来社会的发展水平,这个特殊性决定了我们在观察、分析、判断、决策教育事务时必须有相当的前瞻性,所以教育不仅仅要适应经济社会发展,还必须超越当前经济社会发展的水平。

原载于 2017 年 10 月 20 日《上海中学生·高招周刊》

由进博会联想到高等教育资源的配置水平

正在上海举行的中国国际进口博览会(简称进博会)无疑是近期为大众所关注的大事。作为改革开放 40 周年的重大活动,进博会的举办再次宣示中国改革开放不可动摇的决心和信心。也正由于 40 年来坚持不懈地向世界敞开胸怀、主动对接国际、对标一流,我国的经济社会发展才能取得令世人瞩目的成就,形成中国特色的发展道路。如今,人类命运共同体战略思想的提出和实施正是中国总结自身发展经验对国际社会作出的重要贡献,但周遭的世界却多是带着防备与抑制的思维对此加以解读,视我们为国家利益的竞争者,既忌惮中国的开放与影响,又不愿失去庞大的市场。此次进博会的举办将使世界再次认识到"中国推动构成人类命运共同体的脚步不会停滞"。

进博会也是我国改革开放发展成就的充分体现。经贸领域合作交流平台的展会,通常的作用在于推进商品的出口,历史悠久的广交会就是典型代表,耳熟能详的出口总额、贸易顺差、利用外资等评价指标都指向于此。数十年来,对外经贸是支撑中国经济发展最重要的驱动力之一,每年商品出口的相关指标成为市场评判中国经济状况的晴雨表。本次进博会是世界上首个以进口为主题的大型国家级展会,这当然是中国坚定支持贸易自由化和经济全球化的主动作为,但更为重要的是它向世界传递了我们对经济现状与未来发展的自信。同时,来自全球的产品、服务、智慧、人才汇聚,既支持国内产业转型发展,也满足社会多元消费需求,标志着我国新时代对外经贸政策的成功转型。

中国经贸活动走过了出口赚取外汇、进出口平衡,以及如今转向进口以满足广大人民日益增长的美好生活需要的发展路径,实际反映的是我国改革开放不同阶段的发展水平与发展成就。我们可以用同样的方法,通过分析高中学生的升学路径,评判高等教育发展的水平。20 世纪 90 年代,人们接受高等教育的热情远超当时能够提供的资源,形成千军万马走高考独木桥的态势,可以说是供需严重失衡;随着国内高等教育资源的扩容,以及对国际高等教育了解的深入,2000 年前后的高中学生有了更多的升学选择机会,赴国外就读也成了常态,这说明国际高等教育资源成为国内高等教育有益的补充;近年来,诸如上海纽约大学这样的中外合作办学项目不断被引入国内,众多教育机构提供学生在国内接受国际教育的机会,满足了部分学生愿意接受国际课程教育,又不愿过早离开家庭的需求,这也使得赴国外就读人数的增量趋于平稳,说明在国内的这部分国际教育资源已成为整体高等教育的有效补充。如果进一步分析,会发现赴海外就读学生人数远超过在国内院校学习的留学生数量,就读学生的进与出极端不平衡,表明国内高等教育资源无论是数量还是质量仍然短缺,赴国外就读依然是我国高中学生升学的重要选择之一。

今年是改革开放 40 周年,面对与经济社会发展不相适应的高等教育资源配置现状,我们能做的就是以改革开放的决心和勇气真正做到优先发展教育,要开展比以往更大规模的"走出去、请进来"的教育合作,构建高质量与充分竞争的优质教育生态,只有这样才能满足人民群众日益增长的对优质教育的需求,这也是正在进行中的进博会给我们的启示。

原载于 2018 年 11 月 9 日《上海中学生·高招周刊》

第八章

考试机构建设

第一节 考试管理

浅议教育考试的组织主体

一年一度的高考无一不是全民动员、全社会聚焦，提供考试保障的保密、公安、城管、环保、卫生、食品、宣传、供电、供水等部门神经高度紧张，连社区也被发动起来，为高考营造氛围。考点内更是"如临大敌"，考前对试卷的传送、考生的移动、考场的指令、试卷的收发等环节反复培训与演练，甚至连每天定时的校内广播也严加管控，就怕它在不该响的时候响起来。尽管如此地重视与细致安排了，每年还是会收到不少抱怨或投诉，如考场分配不合理，使得家长对是否在考点周边租住宾馆举棋不定；小区有居民装修，影响考生的复习与休息；考点周边没有封路，汽车噪音会影响考试；监考教师的走动影响答题，同考场考生的咳嗽影响情绪，等等，不一而足。如果出现听力信号不佳、试题表述歧义等现象，那是一定会上升成社会问题的。

最近几天，不少高校都在组织自主招生测试或综合评价测试，许多院校的测试学生多达数千人。这些学生要经历前期的初选才能获得测试的资格，不少学生还是长途奔波去往各申请院校，考试的科目、范围与难度当然也远超高中教学要求，连续几场考试或一场考试持续数小时，测试过程中偶尔也有电脑系统故障发生等状况，但考生和家长的反应很理性，或等待数小时，或放弃，虽有抱怨，但没有那种群情激愤，到网上发帖或到考试机构寻求维权的情形。

两相对比，为何差异如此之大？开展自主招生的高校通常是以招生章程的形式把招生对象、报名条件和测试规则等要求公之于众，学生们根据公开的信息对众多高校进行筛选,然后自主报名某所高校,接受选拔测试,并接受最终结果。可以看出,从学生报名那一刻起,高校与被选拔对象的学生之间就建立起了契约关系,高校按照公布的方法进行规范操作,学生按照要求参加选拔测试,过程中可能也有争议或质疑,但只要确保程序公平,这个契约是可以履行的。因此高校组织的测试虽然也直接影响学生的入学机会,但一般并不会成为社会问题。而高考(包括中考等统一考试)具有政府主办的特点,是政府代表全体民众加以实施的,是以整个社会的公信力为保障的,过程中一旦有差错发生,就有可能被认为是突破公平底线而不能被社会所接受。

在以往相当长的时期里,大学生毕业就是国家干部,统一高考的作用就不仅仅是为高等院校选拔学生,还代表国家选拔干部,所以选"才"与选"仕"是相一致的,必须由政府加以组织,以确保公平公正。从 20 世纪 90 年代开始,选"才"与选"仕"已经分离,高考的作用应更多体现在对考生完成大学学业能力的评价上,但教育发展的不均衡和不充分导致招生考试的关注度聚焦在公平性上,只能依靠统一高考这样的高度集约化方式来应对。

从本质上讲,教育是种社会现象,教育考试是项社会活动,以社会组织作为组织主体是最为合适的。高校作为法定的办学主体,自然具有招生自主权,所以以高校为主体开展考试招生一定是招生改革的目标与方向。

原载于 2018 年 6 月 15 日《上海中学生·高招周刊》

为残疾考生提供考试便利是社会文明进步的体现

据统计,2017年全国共有5600多名残疾考生报名参加统一高考,本市也有经评估的若干盲生、视力残疾考生、听力残疾考生和肢体残疾考生报名参加了秋季高考。按照相关规定,需要为这部分考生单独命制盲文试卷或大字号试卷,或是提供延长考试时间、免除外语听力考试或听说测试的便利。

残疾学生能够享受高考便利,意味着残疾人群体教育环境的改善。事实上,《中华人民共和国宪法》《中华人民共和国义务教育法》《中华人民共和国残疾人保障法》等法律都规定了残疾人应享受的平等教育权。相关条例也对高校招收录取残疾考生的公平性有明确要求——"高等学校对具备学习能力且生活能够自理、达到录取要求的残疾考生,同等条件下优先录取,不得因其残疾而拒绝招收",同时鼓励高校开办适合残疾学生学习的专业等。但是在统一高考中,残疾考生在没有必要条件支撑和合理便利提供的情况下,要与普通考生同样参加考试并达到录取标准是十分困难的,这导致残疾考生的高考升学状况始终难有突破性的进展。

2015年春,教育部、中国残联联合发布了残疾人参加统一高考的规定,要求各级教育考试机构根据残疾考生的残疾情况和需要提供合理便利,包括提供盲文试卷、免除外语听力考试、延长考试时间、可以借助辅助器具和设备等13类便利,这在国家层面上切实保护了残疾考生享受平等高考的权利。

高考是一项高利害的考试,为残疾考生提供考试便利不仅增加了考试组织的复杂性,还对考试安全、考试公平提出了新的挑战。如何根据残疾考生特点,制订恰到好处的考试便利设计,既保证残疾考生的考试公平,又不给其他考生带来"不利"? 两年多的实践表明,目前所执行和实施的相关规定是可行的,更为重要的是社会公众对在统一高考中给予残疾考生必要的考试便利是接受的,且普遍持正面和赞赏的态度,这多少反映了公众的社会认知和道德水平,也是社会文明进步的具体体现。

目前给予残疾考生的考试便利主要反映在考试形式和程序上,如提供盲文试卷、大字号试卷,延长考试时间,免除外语听力考试,等等。此外,还可以进一步研究为残疾考生的考试公平性提供保障的便利,如符合残疾考生特殊性的试题背景材料的提供、对试题体验性过程要求的修正以及作答方式的多样性等,以保障残疾考生不会因为残疾的因素而影响其展示真实的知识、技能和能力。

20世纪70年代末恢复了统一高考,但当时还无法惠及残疾学生。笔者清晰地记得,同届有位德智体全面发展的同学,因为肢残而失去了高考报名资格,很是遗憾。在经济社会持续发展的今天,我们已经走在了正确的道路上,尽管未来的路还很长,但是我们的社会一定会愈加文明、公平和正义。

原载于2017年6月9日《上海中学生·高招周刊》

看评卷宣传视频有感

在网上关注到某省考试机构发布了一个视频,以动漫形式详细介绍了 2017 年的高考评卷过程,形象生动活泼,想必非常有助于考生和家长的理解。

高考录取的公平性一直备受关注。招生计划的公开、录取结果的公示有力推进了阳光招生工程,高校的招生章程、省市招考机构的信息平台成为考生了解、监督招生工作的重要窗口。但是在考试、评卷、招生录取的诸多环节中,因为安全、保密或技术等原因还不能全部为社会所知晓,比如命题的具体过程和参与人员是不公开的,但是考试大纲会提前发布;又比如试卷的印制也是处于完全保密状态的,外人无法窥见,但是试卷的运送、交接过程现在是可以公开的;还有试卷的评阅,因为过程中的信息仍然有保密要求,绝大多数参与者也难知全貌,所以也成为大家关注的焦点之一。

通常每年都会在网上发现类似的帖子,比如"注意,这样的答题可能失分""试题评分的高低取决于阅卷老师的心情""第二位阅卷老师给分往往受第一位阅卷老师影响""某科目的评卷老师大多数是非本专业的研究生"等等,今年上海的外语高考增设了听说测试,就有帖子说"某同学全部用中文完成英语听说测试,还得了高分";今年上海高中学业水平等级考成绩按既定比例划分等第,就有传言"某科目 30% 以上同学的原始分相同,结果硬被分成了三个等第"等等,尽管从一般的认知来说,提出这些问题或者相信这些帖子的人都令人颇感无奈,也很难想象其出现的缘由,是为了点击率还是纯粹制造话题?但在自媒体时代,以"听说"或"传说"的名义,既推卸了责任,也很容易形成围观并使更多人困惑。所以,招考机构通过发布视频对大众进行释疑解惑,尽管释疑的问题本身没什么新意,也不是新闻点,但仍然是需要的,而且宣传方式新颖,值得借鉴。

中国的高考和招生极具集约化的特点。在如此短的时间里完成数百万考生同时参加考试,并按分数和志愿统一录取到数千所高校的工作,其背后依赖科学的设计和技术的支撑。所谓科学的设计是指流程与标准,比如报名的流程、制卷的流程、考试的流程、阅卷的流程、成绩处理的流程、志愿填报的流程和投档录取的流程等,每项流程都有严密的质量标准以确保其准确性。而跨空间的考试管理和录取管理依靠计算机技术、数据库技术和网络技术的强有力支撑,网上监控、网上评卷、网上志愿填报、网上平行志愿投档、网上录取等技术和系统确保了招考工作的质量。换句话说,高考招生工作是以大工业生产质量控制的方式加以组织实现的,所以能达成精确无误的质量标准。

这样的工程控制方法满足了所有人对其公平性的极致要求,当然就无法顾及天然存在的人的个性特点和差异,而这却正是教育的本源所在。所以,等我们再次以教育的视角看待学生成长、高校招生时,所有人可能又不满意这样的高考录取模式了。

原载于 2017 年 6 月 24 日《上海中学生·高招周刊》

改善考务资源紧缺的试点研究

高等教育自学考试从 20 世纪 80 年代一出现，就以其灵活、开放的学习方式弥补了广大求学者不能进入全日制高校学习的遗憾。当年，极其有限的高等教育资源抑制了绝大多数青年学生的求学愿望，然而社会急需有文化、有知识的年轻人，渴望成才的青年人也非常期盼能接受高等教育，自学考试也就成为最理想的选择。我相信目前 50 岁左右的人基本上都有报考自学考试的经历。自学考试除满足学历教育需求外，还以其丰富的专业选择支持了在职人员拓宽知识、满足兴趣的学习需要，其严格的质量标准也确保了证书的含金量，在社会上具有广泛的声誉。

随着全日制高等教育的快速发展，自学考试的报考人数已不像过去有那么大的规模，但仍然保留着多层次、多类型、多规格、多功能的特点。以上海为例，复旦大学、上海交通大学等近 20 所全日制本科院校开设了 80 多个本科或专科的自学考试专业，既有中文、新闻、法律、英语、计算机、自动化、机械制造等传统优势专业，又有国际贸易、金融管理、电子商务、汽车、旅游、广告、学前教育等适应社会需求的专业；上海每年组织两次自学考试，报考人数 12 万余人次，报考科次达 40 万。在刚刚举行的上海市第 70 次自学考试中，有 6 万多考生报名，报考科次达 17 万，共安排考场 7700 个，监考教师 1.5 万人次。

但不可否认，由于自学考试考生来源多样、情况各异，加上自学考试报考的要求和成本也很低，导致每次考试都有很高的缺考率。根据本次自学考试数据分析，每场次缺考人数都占报考人数的 30％，4 天 8 场次的缺考科次总数达到 5.1 万；如果以每个标准考场 25 人计，浪费考场数 2100 个，浪费监考教师 500 余人次，这在考务资源普遍紧张的当下是很难承受的，同时也会影响自学考试的健康发展。

为有效改变这一状况，我们在此次自学考试中选择若干有代表性的科目开展集约化考场管理的研究试点,即深入分析报名考生以往参加考试的历史数据,通过统计方法估计每位考生的缺考概率,并以此为依据进行考场安排,以达到节约资源、提高效率的目的。从试点的实际效果分析,我们所筛选的有较高缺考概率的考生其实际缺考比例近50%,明显超过 30%的平均值,再通过专门的考场设置以有效安排这部分考生参加考试,显著提高了考场利用率,减少了监考教师数量。这次研究试点为以后通过大数据分析预测考生缺考率,并在此基础上进行考务流程的科学化改革提供了一个成功的案例,这也是目前阶段改善自学考试考务资源紧缺的最为合适的方法。

我们处于一个变化的环境,也在一个不断发展的时代,只有解放思想、开拓创新,辅以科学、严谨的工作态度和研究实践,才是解决所面临问题与挑战的必由之路。

原载于 2017 年 4 月 21 日《上海中学生·高招周刊》

浅析不同教育考试项目的利害性

我国实行国家教育考试制度，教育考试是指对受教育者的知识水平和能力按一定标准所进行的测定。人们熟知的教育考试主要有以下三类：一是入学考试，如高考、中考、研究生入学考试、成人高考等；二是学业水平考试，如高中会考、汉语水平考试、外语水平考试、计算机等级考试等；还有一类是文凭证书方面的考试，如自学考试、学历文凭考试等。通常与入学、文凭有关的教育考试被认为具有高利害特征，而大多数的学业水平考试，因为仅是对考生所掌握的知识水平和能力的测量认定，一般认为是低利害的，即考试性质不同，利害性也各不相同。

伴随时代发展，各项考试的性质也处于变化中。想当年，由于绝大多数青年没有机会进入大学深造，只能按照特定高校和专业的课程计划进行自学，通过自学考试获得文凭成为万千青年学子成长成才的必由之路，自考也因此被确定为"国考"，给予最高等级的考试地位和考试保障；而如今全日制教育大发展，自考也发生了显著变化，尽管仍享受"国考"待遇，但其关注度和敏感度大不如前。而统一高考一直受到高度关注，尽管录取率由恢复高考时的不到 5％，发展到现在超过了80％，但其"国考"的地位不仅没有受到影响，而且进一步加强。这是因为高考不仅仅是学生升学的主要渠道，更是社会公平正义的载体，其意义远超出教育考试本身。

英语四、六级考试的发展变化也很说明问题。这项 20 世纪 80 年代起步的考试项目，由于适应了改革开放背景下的学生培养需求，也部分解决了当时大学英语师资缺乏或水平不一的问题，很快成为高校英语教学质量控制的重要手段，甚至成为高校颁发学士学位、硕士学位的基本依据之一。到 2000 年，该项考试几乎覆盖了全体在校大学生、研究生，每一次的考试组织也都由各级教育行政部门主导，尽管没有"国考"的地位，但考试规模、影响力丝毫不输其他"国考"项目。随着国内高校办学水平的提高,英语四、六级考试也回归了测量学生英语学习水平的设计本意。近年来,英语四、六级考试似乎再次成为报考热点,究其原因是不少大城市在制定应届高校毕业生落户政策时引用了相关考试结果。比如,某中心城市采用的积分政策就规定"通过 CET-6 且成绩达到 425 分(含 425 分)计 8 分,通过 CET-4 且成绩达到 425 分(含 425 分)计 7 分"的政策;类似的规定也出现在有关计算机水平的考试项目中,如"理科类计算机高级水平计 7 分、文科类专业计算机中级(省级二级)水平计 7 分、理科类专业计算机中级(省级二级)水平计 6 分、文科类专业计算机初级(省级一级)水平计 6 分"等,使得相关考试项目的报考关注程度显著上升。

综上所述,教育考试的利害性往往不由教育考试本身所决定,更多取决于教育之外利益相关者所附加其上的内容。教育考试所标识的考生学术水平不仅成为其能力证明,也成为支撑其就业、居住落户的重要指标,这是教育考试设计者所难以预料的。这也从另一方面证明,实行国家教育考试制度对于实现教育机会均等、保护受教育者的合法权益,具有十分重要的意义。

原载于 2018 年 3 月 8 日《上海中学生·高招周刊》

探索考试组织方式改革的必要性

本周末全市又将迎来一场统一考试——有 6000 多名高三学生报名参加的学业水平合格性考试。根据《2017 年上海市普通高中学业水平考试的实施意见》，考生若要参加学业水平等级性考试，必须通过相应科目的合格性考试，但是总有学生因为游学、身体等原因缺席前次合格性考试或者未能通过前次相应科目的合格性考试，所以在下月的等级性考试之前安排了这场考试。在高考综合改革的实践中，我们发现统一组织考试的次数增加了。

以上海为例，原来在 1 月和 6 月分别举行的全市性的春季高考、秋季高考，在新高考方案下，增加了 5 月的学业水平等级性考试以及 4 月和 6 月的学业水平合格性考试。浙江的情况也相仿，原来仅组织 6 月的秋季统一高考，现在增加了 4 月和 10 月的学业水平考试。上述方案都包含了外语高考的第一次考试。为保证考试的公平公正以及学业水平比较的一致性，教育部还专门发文将与高考总分关联的学业水平考试确定为国家教育考试。

不可否认，高考改革使得各地考试机构增加了考试组织的复杂性和多样性。这对上海、北京这些以城镇为主体的地区不算太困难，但对绝大多数以农村、甚至边远山区为主体的省份来说，组织与高考一样要求的统一考试还是有相当难度的。虽然说每年的高考、中考也是统一组织的考试，但在各方重视和通力协助之下，偶尔为之尚可，可如果要一年多次组织这样的统一考试，难免百密一疏，影响统一考试的公信力。因此，我们要积极探索考试组织方式的改革，以确保高考综合改革在全国各省平稳有序地推进。

迄今为止，我们的考试多以"统一时间、统一科目、统一试卷"的方式确保客观和公正，但是如此多的"统一"要求也是造成考试组织复杂性的重要原因。我们看到，诸如"警车送考""专车送准考证"等新闻俨然成了各地每年高考、中考报道的标配，这一方面反映了社会各界对考试的重视和支持，另一方面也是考试紧张情绪的社会反映，统一考试项目的增加必然会进一步带来考试组织的困难。

今年1月举行的上海高考外语科目第一次考试中新增的听说测试给了我们启示。听说测试采用人机对话考试方式，而设置在标准化考场的考试机位数难以满足数万考生同时开考，事实上是没有办法满足上述的"统一"要求的。所以，此次听说测试是将全市考生按一定方式分批组织参加测试，同时根据同一考试项目的多批次测试要求组织命制相应的多套试卷，并确保所有试卷的整体结构和难易度保持一致。科学的考试管理流程设计，既保证了国家考试的严肃性，又避免了以往此类考试组织中的紧张气氛。

同样，以新高考方案中统一组织的高中学业水平合格性考试来说，该考试旨在测试一个普通高中生通过规定学时的正常学习，是否掌握了学科基础知识和基本能力方面的要求，事实上，绝大多数的高中生都能通过测试。因此，类似这样的考试是非常适合以常态方式组织的，即在专业化管理下，由"试题题库＋计算机信息系统"组成考试系统，考生通过人机对话方式测试自己的学科知识和能力水平，还可以通过进一步的学习多次参加测试，以达成培养要求。

综上，新的高考改革向考试机构提出了"考试组织方式改革"的命题，促使我们将压力转化为改革的动力，用科学的手段解决改革中出现的新问题，不断完善考试组织形式，提升考试组织能力，保障高考综合改革顺利推进。

原载于 2017 年 4 月 7 日《上海中学生·高招周刊》

第二节　专业化建设

考试机构的专业化建设

近日,笔者与英国的考试机构进行了密集的交流,除了相互了解中国的高考改革和英国的升学考试体系外,对考试机构的组织建设与发展也进行了充分研讨,形成一定共识。

考试机构是专门从事考试组织与管理的部门或组织,它的专业性通常体现在两个方面。一是从事专门行业或领域的考试。现代社会分工明确,一个专业考试机构所从事的领域也具有鲜明的行业或职业特点,比如公务员考试、教育考试、司法考试、会计专业技术资格考试等,这些考试的组织机构长期在各自行业里深耕细作,所组织的考试项目具有很高的权威性。二是在考试的所有环节具有完备的安全保障。考试安全是考试公平和公信力的基本保证,考试流程中所包含的命题设计、报名组织、考场编排、监考实施、试卷评阅、成绩报告等业务大同小异,对一个专业考试机构而言,需要深谙其中的风险所在,不仅要在具体举措上倾力投入,而且要以考试安全为中心组织管理体系、设计操作步骤、制定监督机制等,确保考试全过程都是可控、可追溯的。

专业的考试机构都应该具备上述特点,但这还远远不够。考试的功能是按照确定的标准科学地评估考试对象,基于不同维度将考试对象进行分类或排序,为考试需求方提供进一步评价的依据。因此,持续提升考试对象的素质与能力,使其更好地达到所设定的标准,将有效提高行业的竞争力,也是考试机构生存发展的必由之路。以教育考试为例,英国高中 A-level 课程证书考试是对学生学习高中课程水平的评价认定,此项考试实际也成为大学入学的统一测试标准,负责此项考试的剑桥大学考试委员会多年来通过增设考试科目以提供学生更多的自我认知和发展机会,也使得大学可以更为全面地考查和评价学生。同样,我们都知道美国的SAT考试是申请大学的重要依据,为了整体提升学生接受大学教育的能力和水平,美国大学理事会又开设了大学先修课程(AP)的考试,以推动学生更好地衔接大学教育。所以考试机构的专业化不仅仅聚焦于考试项目本身,一定要从所在行业出发制定发展策略,就教育考试机构来说,一定是根据人才培养规律和培养目标设计或实施考试项目的。

相比之下,我们国内教育考试机构的现状与发展就显得单薄,通常仅以完成上级交办的考试任务为工作目标,甚少在促进学生全面而有个性发展方面有所作为。随着国家高考综合改革的推进,高中学业水平考试科目的考试评价、统一高考科目的考试评价等工作迎面而来,这既是挑战也是机遇,将在工作内容、队伍建设、专业服务等方面极大提升教育考试机构的能力和水平,以达成对标国际最高标准、最好水平的发展目标。

原载于 2018 年 4 月 27 日《上海中学生·高招周刊》

SAT 考试的"官方机构"为什么能这么任性？

上周末，网上曝出 SAT 考试取消了 2017 年 6 月美国本土之外所有国际考场的考试，这使得已经注册在新加坡、泰国等国，中国香港特别行政区和中国台湾地区等考场考试的学生一下子没有了方向。大家纷纷吐槽 SAT 官方机构太过任性，接受了报名，也收了钱，一封电子邮件说不考就不考了；甚至是已经考过了，也是一个通知说成绩作废就作废了。即使不计路费、时间以及为此投入的费用、精力，对处在关键时刻的考生来说，因为重要申请依据的缺失或延迟，使得大学申请变得更加不可预料，其机会损失不可估量。

SAT 考试的重要性如同中国的高考。尤其是近 10 年来，每年赴美就读本科的中国高中生人数屡创新高，其中大多数都会选择 SAT 考试。又因为国内没有考点设置，考生们必须选择周边国家和地区，由此引出的注册、签证、机票、酒店等问题都需要早作计划和安排。按照中国考生和家长对这类考试的通常理解，这么重要的考试，其组织的严密性、公正性、系统性等自然毋容置疑，一旦有什么意外发生，组织方也一定会全力以赴加以弥补。然而，近来看到的或体验到的却与预期完全不同，似乎充满了随意性，说不考就不考，成绩说作废就作废。

不过，中国的考生和家长对此倒也表现平静，除了在网上吐槽和打客服电话咨询，没有听说谁为此去游行、静坐、抗议等，也没有听说谁委托律师团去打官司，要求赔偿经济损失和精神损失的，反正他们所表现出来的理性程度远超出在国内碰到类似事件时的反应。

我们有必要了解一下作为 SAT"官方机构"的美国大学理事会（The College Board）的性质。美国大学理事会成立于 1900 年，是一个非营利性、会员制的教育组织，其 5700 多个会员中包括中小学、学区、大学及其他教育组织。它的主要职责是向学生及家长、高中学校和大学提供各种服务，包括大学入学申请、学习指导、测试、奖学金、入学服务、教学咨询等,其中也包括组织 SAT 考试。因此,所谓的 SAT"官方机构"实际是一个会员制的民间组织,而不是我们想象的有政府背景的公共事务机构。而且,它主要代表会员(美国的大学和中小学)的利益,近期连续发生的考试安排变化或成绩取消至多影响部分美国大学接受国际生的申请,但因为一年有多次考试,且大学也不怎么欢迎以连续考试方式取得好成绩的学生,再从防范海外考生作弊等这样的价值判断来看,这些举措反而更有利于保障会员的利益。

我们国内考试机构(如考试院、招考中心等)的职责基本是政府职能的延伸,其单位性质就是一个真实的"官方机构"。尽管我们所做的考试流程设计和组织实施工作(如命题设计、报名组织、监考管理、成绩发布等)与国外考试机构的工作很相似,但我们背后隐含着政府严谨的决策程序和工作要求,换句话说,我们考试机构的工作是以政府的公信力背书的,两者之间有根本性的差异。

原载于 2017 年 3 月 3 日《上海中学生·高招周刊》

我们的新任务

近日,本市举行了 2019 年度的普通高校考试招生工作总结会,并部署了 2020 年的工作。每年的这一刻,也意味着新一轮的高考工作正式启动。2020 年高考正向我们走来。

与前两年一样,2019 年度上海的高考招生工作首先表现为平稳。政策稳定、实施细致,"两依据一参考"的招录模式得到充分贯彻。尽管高三学生是第一次面对高考,但都按部就班地有序完成了人生最为重要的选择。去年高考招生工作的另一个特点是平静。在高考招生录取率、高考命题和总分成绩分布稳定的基础上,考生的选择极其理性,24 个志愿的录取满足率数据就是最好的证明。所谓 3 年一轮,从 2017 年开始在上海试点实施的新高考,经历了 3 年完整的实践,被证明是可行的、可持续的。

当然,我们不满足于平稳与平静,更追求改革价值的实现。连续走高的第一志愿满足率,提醒我们要去激发学生的多元选择。高校是否应该在院校专业组的设置中更加突出选考科目的作用,是否应该深入高中开展广泛的学科与专业教育?高中学校是否应该在培养中拓展学生的视野,使学生在升学中有更加广阔和高远的选择?同样,作为上海最具特色、充分体现高校自主权和综合素质评价导向的高水平大学的综评录取、市属本科院校的春考招生以及高职(专科)院校的自主招生等项目,也面临完善操作细则的需求,其根本指向就是要进一步凸显高中学生综合素质评价报告的作用,给予更多有追求、有特点并且符合高校或学科培养要求的考生得到选拔和录取的机会。艺体类考试与招生改革更是我们完善新高考方案的必要工作。近年来,本市艺体类考生数量连年增加,这与上海的国际大都市特征相吻合,但由于其独有的专业性,当报考人数急剧增加时,原有的招生录取模式开始面临挑战,有必要按照其专业特点设计新的考试组织流程、志愿填报与录取模式,以有效提升考试招生的公平性、科学性。我们也将在考试组织与考试评价上进一步改革,通过探索机考以有效提升考试组织管理水平,通过对考试数据的深度挖掘,促进学生更加全面的自我认识,促进教师与学校开展更有针对性的教学培养。总之,对于进入纵深发展阶段的上海新高考,不仅要持续平稳、平静地实施,更要坚定改革的价值目标,真正有助于实现学生全面而有个性的成长,为未来创新人才的培养奠定坚实基础。

放眼全国,考试招生制度改革渐入佳境。明年北京、天津、山东、海南将全面实施新高考,后年更有 8 个省市也将实施新的高考方案,相信加入改革的省份会持续增加。虽说各地实施的方案各有差异,但其给予学生自主选择的导向不变,由此也促使我们所提供的教育与学生个体之间从形式到内容逐渐趋于更强的相容性和一致性,也因此重新定义了高中教育或者说基础教育的培养意义。

上海将继续以全国高考改革开拓者的角色,持续推进改革向纵深发展,把握立德树人根本任务,努力提升学生培养水平,以更有效地增强学生的社会责任感、创新精神和实践能力,为上海教育现代化作出更大的贡献。

原载于 2019 年 10 月 18 日《上海中学生·高招周刊》

我和考试有个约会

本周末的 4 日、5 日两天，今年的普通高中学业水平等级性考试将如期而至，全市超过 10 万名高二、高三学生将参加各自所选科目的考试。

自 2016 年以来，基于新高考的高中学业水平等级性考试都安排在 5 月的某个周末。选择 5 月是为了满足高中学科教学计划的要求，安排在周末是因为避开工作日可以为考试创设良好环境，也减少给社会正常运转带去的压力。不过今年的情况有点特殊，国家有关部门临时发布通知，将"五一"劳动节假期调整为 5 月 1 日至 4 日的连续 4 天，4 日的考试便是假期的最后一天，而 5 日的考试则遇上了工作日，这对考试的准备、组织等工作产生了影响，但愿一切顺利。

教育考试因为与教育过程相联系，所以考试的安排都有一定的规律。如中小学每学期的期中和期末考试是为了检验阶段教学的成效，按照 20 周一学期的学制设置，在每学期开学的第 9 周左右会迎来期中考试，学期末自然是有一次大考。记得偶尔遇见刚读书不久的小朋友，掐指一算，告诉他马上要考试了，他们还很纳闷，你们怎么算得那么准，殊不知一代代人都是这样过来的，早就印在脑子里了。中小学生 12 年考下来也都已习惯成自然，进了大学却发现很多课程并不安排期中考试，反而有点忐忑不安了，这是题外话。一般以学业测评为主的考试，学校为组织方便起见，都会安排在学期中，如区域性的中小学生学业测评、大学生的计算机等级考试和英语等级考试等，也包括考生人数超过 1000 万的大学英语四、六级考试。当然，如果是与教学过程联系紧密的学业测评，是会根据教学计划加以安排的，各学科的期末考试以及上海市普通高中学业水平合格性考试等都是如此。以升学为目的的学业测评考试，因为是一个阶段性教育的终结性评价，一般安排在学年结束的 6 月、7 月，如初三年级末的中考、高三年级末的高考等。而以成人为对象的考试安排与考试的组织主体有很大关系,如自学考试、研究生入学考试等主要是高校组织的,都安排在学期中间,而其他机构组织的众多职业资格类的考试安排就与学期毫无关系了。

具体考试日期的确定更有讲究。学校内部的考试或若干学校的联合考试,都安排在正常的课程时间。上海有所高中,被本校学生以所谓"周周爽"自嘲,其实就是每周三的课程时间都安排有统一的学科测试。跨学校或地区的首选考试日期一定是周末,因为有利于考试对象与考试组织实施。以我们教育考试院的统计,全年国家和全市统一的教育考试有 40 多项,除去寒暑假,几乎占据了每个周末,有时一个周末同时举行针对不同对象的若干项考试。在考试日期设置方面最具标志性的自然是 6 月 7 日、8 日、9 日 3 天,那是全国统一高考的日子,承载了几代人的共同记忆。40 年来,尽管考试科目和考试组织方式发生了很大变化,但这 3 天一定是属于高考的,且无论是否周末也一定是社会动员、全民保障,什么交通改道、喇叭不鸣都不鲜见。由于 6 月 7 日、8 日、9 日已经远远超出了这 3 天日期本身的意义,因此尽管一直有提议将高考日期安排在 6 月的某个周末更为科学,但 40 年来除了仅从 7 月改到了 6 月,其他一成不变。这大概是对这一特定日子的作用与意义最为完美的释义了。

人的一生要经历许多考试,尤其是学生时代的学业考试。无论你是否接受,它们都会在既定的日期,静静地等待学生们的到来。

原载于 2019 年 5 月 1 日《上海中学生·高招周刊》

国庆时节话考试

马上要迎来中华人民共和国成立 70 周年，作为标志性的重大节庆，大家自然要历数成果，反映发展。俗话说"人生七十古来稀"，70 年的积累一定会形成历史性的成就，当然我们的目标不是 70、80 或 100 年，而是千秋万代、世界大同。

中国是个考试大国，从隋朝创立科举考试算起，全国性的考试与考试管理就延续了约 1400 年，但那并没有发展为现代教育的考试管理。1905 年新学兴起，才开始了现代教育的实践，与此相适应也有了学校的招生考试。但积贫积弱的中国能提供的教育太为稀缺，能享受教育的人群也实在有限，后人所津津乐道的民国时期大学的自主招生、保送推荐、入学考试等，以及由此引出的所谓招生佳话，相对社会而言仅是个案，无甚特别的意义与影响。当时的状况决定了民众的生存才是最大的社会问题，而农耕经济的社会既支撑不了系统的国民教育，也没有对人才的大规模需求，教育只是极少数人的权利，也就不存在教育考试的普遍需求。

中华人民共和国成立以后，建立起了覆盖全民的教育体系，但受制于经济发展水平，所能提供的高中阶段和大学阶段的教育依然十分有限，作为招生手段的考试仅是一般意义上的筛选，以满足教育资源分配的需要。改革开放为中国的教育奠定了坚实基础，高速发展的经济有力支撑了教育发展，充足的学校数量与完善的体系满足了人们对知识追求的强烈愿望，庞大的受教育群体又有效支持着经济的可持续发展，与此相对应的是考试与招生的规模连创新高，中国再次成为考试大国。

随着经济社会的进一步发展，除传统产业对有知识、有技能的劳动者的大量需求外，更多产业形态与发展模式对人才的标准各不相同；同时，改革开放也大大拓宽了人们的视野，更多人追求自我完善，并不满足于千篇一律的以升学为目的的培养方式，推动教育进入全面而有个性培养的多元发展阶段。正是在这样的背景下,国家适时推出了考试招生制度的综合改革,提出了建立分类考试、综合评价、多元录取的考试招生模式,以回应经济社会发展与人的发展对考试评价的要求,这无疑对传统的高考、中考,以及新型的学业水平考试、外语多次考试等提出了挑战,并且涵盖考试方案设计、综合能力评价以及考试组织实施的全部方面,使得中国的教育考试与评价领域面临重大转型。

如果以国家教育部成立专门的考试中心为标志,我国现代教育的专业考试管理不过 30 余年的历史,与教育发达国家相比差距甚远。但是,也因为起点低,身处改革发展关键时期的我们肩负了发展中国考试评价更多的责任,也拥有了更多建功立业的机会,值得把握与珍惜。

原载于 2019 年 9 月 27 日《上海中学生·高招周刊》

教育新时代的改革与挑战

党的十九大和刚刚闭幕的全国两会宣告中国特色社会主义进入新时代,与此相适应的是教育也迎来了新时代。

这方面有三个显著的标志。一是教育领域全面落实"立德树人"的根本任务。无论是高校的思想政治工作和课程建设,还是中小学全面推行素质教育,都紧紧抓住教育的本质要求和根本使命,即"培养什么人,怎样培养人"这一事关党和国家前途命运的重大问题,进一步明确培养德智体美劳全面发展的社会主义事业建设者和接班人是确保中国特色社会主义事业永续发展的根本保证。二是上海、浙江的高考综合改革扩大试点省份,并将在全国推行。以"两依据一参考"为特点的新高考不仅把学生综合素质信息纳入招生录取评价范围,还充分发挥高校人才培养对高中教育的影响力,既保证高中教育的完整性,也强调学生个体发展的特殊性。随着新高考方案的全面实施,基础教育质量必将得到整体提高。三是全国各省份实行的中考改革既结合地区发展实际也对接高考综合改革,按照学生成长规律,顺应义务教育优质均衡发展、高中阶段学校特色多样发展的新要求,强调全学全考,加强社会实践,全面提升学生综合素质。

回顾改革开放以来的 40 年,教育不仅仅解决了"有学上"的问题,还有力支撑了中国经济社会的快速发展,使得如今的中国综合国力大为增强。随着社会主要矛盾的变化,教育不仅需要解决自身发展不平衡、不充分的矛盾,还必须通过高质量的教育整体提升国民素质,形成经济社会发展新的动力。以上海为例,通过全面深化教育综合改革和高考综合改革,高校明确了定位,找准了方向,进入快速发展阶段;高中教育在培养内容、教学组织和办学目标等方面发生了深刻变革,即将启动的中考改革也将推动义务教育均衡发展,促进学生健康成长,所有改革均围绕"增强学生的社会责任感、创新意识和社会实践能力"这一核心要素,促使人才培养在理念、方式和效果上满足当前经济社会的发展所需,顺应教育发展规律。

教育考试因教育而存在,随教育而发展,在我国教育进入新时代的背景下,教育考试也应该有其新时代的独特标志。放眼世界,尽管教育考试伴随教育发展,但在一定程度上和一定阶段里,教育考试又引领教育发展,比如 SAT、GRE、GMAT 等考试项目成为世界一流大学选才的重要学术标准,雅思、托福等考试项目成为外语学习和运用的能力评价标准等。上海的教育一直处于全国领先地位,但上海没有引领全国的教育考试项目,更没有引领教育发展的考试项目,所以面对新时代,我们要抓住机遇,本着促进学生全面而有个性发展的目标进行教育考试创新,以考试评价促进学生发展,促进教育发展。

原载于 2018 年 3 月 23 日《上海中学生·高招周刊》

第九章

上海高考改革的实践与期许

第一节　2017年高考改革

值得期待的新年新高考

2017年悄然而至，以中国教育史来说，这是极具纪念意义的重要年份。

1977年高考制度恢复，500多万青年男女从车间、农田、军营走进了改变自己和国家命运的考场，尽管只有不到5％的录取率，但事件本身极大地推进了当时中国社会的思想解放运动，也奠定了以后30多年国家科技、经济和社会发展的人才基础，所以恢复高考一直被视为中国教育史上一次伟大的时代转折。

作为高考制度的受益者，我们对此深有体会。想当年在中学读书，我们经常要去工厂、农村参加劳动，经常听到工人们说"36块调个头、大干快上有劲头"，反映当时极度平均主义下大家的每月工资都是36元，也会听老农叙述20多年农村生活的平淡如初，这基本就是当时走出校门的年轻人没有选择的生活。高考制度不仅让年轻人有机会接受高等教育，也推进了中国的市场经济改革，提高了整个社会的劳动生产力，推动了经济社会的快速发展。

随着时代发展，人们的思想观念也在持续的变化之中，作为国家基本教育制度的考试招生也一直面临诸如个性发展与统一标准、科学选拔与社会公平、多元社会与单一评价等诸多矛盾。尽管科学和理智也时常提醒我们，总得与时俱进，总得有所改变，但从以往的改革进程看，人们似乎能接受许多的改变，唯有对承载了几代人情感与价值观的高考制度却总是迈不开改革的脚步。

实际上,我们已经改变了很多。伴随着高等教育的发展,每年近千万的报考人群中可以有 700 多万的入学人数,高校的自主招生为表现突出的个性化人才打通了入学门路,综合评价多元录取政策的推行在学生的全面发展与高校的招生自主权之间找到了很好的平衡点,国家的开放也让选择国外高等教育成为升学的路径之一,但仅仅是这些改变还远远不够。

以十八届三中全会所确定的深化教育领域综合改革为顶层设计,在《国务院关于深化考试招生制度改革的实施意见》指导下,经过 3 年的准备,上海将迎来新高考的整体实施,诸如高中学业水平等级考成绩计入高考总分、外语一年两考、数学试卷和招生录取不分文理、高校提出招生专业的科目要求、高中学生任选 3 门课程组合和须具备的综合素质评价报告等,就局外人而言,这些政策不免让人眼花缭乱,也一定会引起诸多质疑。但是,从前期的高中实践来看,改革使得我们的日常培养与素质教育的目标更为接近,与期望的人才培养模式也更为接近,同样,经过反复论证后将要实施的考试改革和招生改革也将使得高校和学生的选择性得到更多的尊重。同时,2017 年也将成为中国新高考的元年,这一切值得期待!

原载于 2017 年 1 月 6 日《上海中学生·高招周刊》

40 年的高考

电台里在播放出租汽车公司开始受理高考用车预约的新闻,预示着一年一度的高考临近了。每年的这个时候,社会各界、各职能部门都会推出一系列的举措,关心关爱参加高考的考生,这对考生群体及其家庭都是莫大的安慰。

恢复高考 40 年,高考录取率一路走高,工作职业急剧分化,社会价值认同也日趋多元,但是高考升学的现实和人们对此的认识却一如既往。

40 年来,我们基础教育的形式、内容都发生了很大改变,知识、能力、素养等目标不断引领教育的发展,相应的评价指标和要求与以往相比也已经大有区别,但高考依然是基础教育的首要目标。学校办学成功与否、教师职业生涯评价等与高考紧密关联,作为印证的是很多有识之士对有"高考工厂"之称的高中学校不以为然,但它们却一再受到相当多的家庭和各地政府部门的鼓励。

40 年来,经济发展和改革开放使得青年学生的升学形式和方式呈现多样性,有的参加本地中考、高考,有的参加海外高中学习,也有的学习国际高中课程、参加海外大学入学考试,还有的大学毕业赴海外深造。人们鼓励学生选择适合自己的升学路径,以期有更多的接受知名大学学习的机会,但是高考升学无一例外依然是青年学生获得最多认同的升学路径。

40 年来,经济社会的快速发展推动着产业转型,使得新的职业岗位层出不穷,对人才的要求也各不相同,基于虚拟网络世界所派生的新型职业更是模糊了人的不同身份属性、演绎了不同领域的成功和发展机会。这使得我们经常怀疑传统的小学、初中、高中、大学、研究生这样的升学路径是否还有存在的意义。但现实社会表明,高考及其成绩和升学去向依然是区分学生时代成功与否的重要衡量标准。

40年来,我们的高考日期仅从7月改到了6月,也还一直有人提议将高考日期以6月的第几个周末的方式加以标识更为科学,但6月的7日、8日、9日3天依然属于高考,以至于今年的这3天不得不与工作日相伴。这是因为7日、8日、9日这3天已经远远超出了日子本身的意义,它是所有高考参加者、参与者和决策者的共同日子,也是传统与现实共存的表征。

我们当然不能由此下结论——社会的进步与发展没有在高考升学上有所体现,但这确实是值得研究的现象。高考升学或许就是中国教育独特价值的体现,也或许是中国社会对青年学生的共同评价。但是再过20年,高考将成为这个社会绝大多数成员的共同经历,那就不仅仅是共同记忆,而是所有成员的共同属性,这似乎有点不可想象。

从今年开始的上海高考的内涵已经发生了重大变化。对大多数考生而言,3天的高考,严格来说就是一天半略多一点;也或许有考生只参加6月7日的高考,而外语沿用1月份的考试成绩;甚至我们也可考虑将外语听说测试安排在其他更为合适的日子里,等等。改革,使得一切成为可能。

原载于2017年6月2日《上海中学生·高招周刊》

坚定改革目标　回归教育本源

今年高考集中录取工作的结束,标志着从 2014 年启动的高考综合改革试点在上海顺利落地。

这一轮高考改革首先是深度推动了高中的教育教学改革。一方面,加强了高中教育培养的综合性,初步扭转了持续已久的"素质教育轰轰烈烈,应试教育扎扎实实"的教育窘况,稳步推进了高中生的社会实践、志愿者服务和研究性学习等培养项目。学生的普遍参与或许是出于被规定、被评价的现实要求,但实际达成了促进学生了解社会、提升能力的设计初衷。另一方面,有效提升了对高中教育的认识水平,无论是实行分层分类教学还是选课走班教学,都反映出对受教育者的尊重,也有助于高中的特色多样办学。由于改革,高中学校也发现原有的资源配置不足、教学目标有差异,这为上海高中教育的进一步发展拓展了空间。

这一轮高考改革紧紧抓住人的成长规律,实施高中学业水平考试制度、不分文理的统一考试科目以及"两依据一参考"的招录模式等改革,为贯通基础教育与高等教育的人才培养奠定了基础。本市实施的院校专业组志愿填报与投档录取方案充分尊重了高校的办学自主权、扩大了考生的选择权,确保考生携高中教育改革的成果继续高校的学习与培养。由于学生的知识结构更为全面、兴趣特长更为多元,结合大学各有特点的学科教育与培养,可以预期他们在各自领域的成才可能性大为增加。随着高考综合改革在全国的有序推进,高等教育的人才培养改革值得我们期待。

历史反复证明,教育是民族振兴和社会发展的基石,是提高国民素质、促进人的全面发展的根本途径。如果说 40 年前的恢复高考,让散落在工厂农村、山野田间处于原生态的青年重新走进学校,接受系统的文化知识学习,从而拯救了青年,拯救了教育,也促成了经济社会的高速发展,那这一次的高考综合改革,制度性地完善了学生的知识结构和综合素养,进一步促进了学生全面而有个性地成长,势必为学生的终身发展和社会的文明进步奠定更为坚实的基础。这正是我们孜孜以求的教育方针和教育本源。

原载于 2017 年 8 月 15 日《上海中学生·高招周刊》

坚定不移推进高考综合改革

1977 年的恢复高考,宣告中国进入改革开放新时代,也因此奠定了中国高速发展的人才基础和科技基础。教育部部长陈宝生在党的十九大期间明确表示,在上海、浙江高考综合改革试点基础上,将有更多省份开始试点,到 2020 年全面建立新的高考制度,这无疑让广大人民对进入新时代的中国教育充满了期待。

40 年来,中国的大学增加了 2000 余所,录取人数也逐年增加,高考入学竞争早已不是当年的态势,但是通过统一高考进入大学仍然是最为基本的通道,其录取依据依然是高考各科目所获总分,这使得 40 年来的高中教育方式难有本质的变化,不仅影响当下青年一代的成长,也对国家未来的可持续发展和国家竞争力极为不利。我们也一直在改革,但每次改革始终不能从根本上改变高中教育以高考为目的的培养目标,没有能够实现学生的全面教育与培养,教育与经济社会的发展极度不相适应。

以习近平同志为核心的党中央以非凡的勇气决策高考综合改革,明确以促进学生健康成长成才为基点,增强学生的社会责任感、创新意识和社会实践能力,探索基于统一高考和高中学业水平考试成绩、参考综合素质评价的高校多元录取机制。上海非常荣幸地成为国家高考综合改革的试点城市,在有历史意义的 2017 年率先实施了新高考方案,实现了最为全面和系统的高考制度改革,也为中国新一轮的高考改革提供了可借鉴的样本。

上海 3 年的高考综合改革试点,已经推动高中教育发生了根本的变化。首先是制度性地把学生的综合素质培养纳入了学校教育体系,有效增强了学生的社会责任感、创新精神和实践能力,凸显了高中教育的独特价值,体现了立德树人的根本教育任务;其次是实现了学生在认识自身兴趣、特点基础上的学习科目、社会实践项目的自主选择,特别是高中学业水平考试、外语高考以及春考招生、秋考招生等改革，为不同特点的学生提供了多元选择；再次是学生群体从改革前的文理两类拓展到由学习科目组合形成的更多类别，不仅顺应了未来大学培养人才的多元特点，更在过程中拓宽了学生对自身发展的认识。

从高考综合改革的目标指向和试点效果看，全面落实党的教育方针，满足学生未来的终身发展所需，满足经济社会的可持续发展对人才的需求，这样的高中教育变革根本不是以往以高考应试为目的的培养模式所能达成的，也让我们清晰地认识到高考改革的正确性。党的十九大报告提出优先发展教育事业，教育部也再次明确扩大高考综合改革试点，我们有理由相信中国的高中教育、基础教育一定会在新时代迎来更大的变革，更加适应国家经济社会的发展。

原载于 2017 年 11 月 3 日《上海中学生·高招周刊》

不忘初心，开创高考招生新时代

已经过去的 2017 年上海高考必将在中国教育史上留下深刻的印记。

实行了 20 多年的上海"3＋1"高考科目设置被调整为"3＋3"，考生自主选择的 3 门选考科目以学业水平等级性考试成绩计入高考总分；实行 10 多年的上海春季高考成为上海考生的第一次高考，探索数学文理合卷、实践基于题库的第一次外语高考、实现语文强化中华优秀传统文化的设想，考试对象几乎覆盖到全体应届考生；实行 30 多年的经验性命题模式向基于题库的命题过渡，满足外语一年两考的试卷等值要求，形成计算机优化组卷与专家主观命题相结合的模式；第一次发布多语种考试说明，结束小语种 30 多年来高考缺乏统一标准的局面，同时实行一年两考；第一次将计算机引进高考，以人机对话方式实现外语听说测试；学业水平等级考科目全部开考，实现同一考点不同科目考试的管理方案；终结数学文理分卷的历史，考查各类人才所需的共同数学知识基础、通性通法等；结束了文理分科的以院校为招生单位的投档录取模式，以院校专业组方式实现学生选考科目与高校招生专业科目之间的对应要求；适应高考由多次考试组成的变化，完成志愿填报方式由考前到考后的调整。

高考服从于考试选拔与培养体系的互相适应与支撑，从如此多的考试改革中可以判断高中培养与高校招生所发生的变化之多。诸如社会实践、走班教学、研究性学习等构成了新的高中综合培养模式，表现在学生身上就是有了更多的社会实践和志愿者服务经历，有了更多的研究性学习经历，有了统一的高中学科学习要求，有了各不相同的学科特长，但没有了文理科的区分，高校的招生专业也提出了科目的要求，高校在录取时既会收到考生的高考总分和志愿表，也接受综合素质评价纪实报告等。

改革总是带来变化,带来与原先模式的不同,尤其是高考改革牵涉面更广、影响更大,不同参与方的直接感受是各不相同的,有人觉得改革使自己与理想目标更为接近,有人觉得改革会加强所长但没有提升弱项,也有人会觉得改革付出更多但所获有限,凡此种种都是正常的观点和思想。但是教育肩负着未来社会发展的责任,它必须领先现有的经济和社会发展基础,这就对社会的每个成员提出了更高的要求,要以未来的眼光与视角规划和实践现在的教育,包括学校教育、社会教育和家庭教育,当然也包括现在的高考,这就是高考改革的初心所在,这也是我们共同的责任所在。

40 年前的 12 月,上海恢复了高考。连同全国各省区市同一时期恢复的高考,奠定了我国改革开放和科学技术发展、经济社会发展的人才基础,其影响远远超出了教育本身。年终岁末,我们回顾 2017 年集中推出的如此多的高考综合改革举措,相信它们也必将为未来中国的强盛再次打下扎实的人才基础。

原载于 2017 年 12 月 29 日《上海中学生·高招周刊》

第二节　2018年高考改革

展望2018年上海高考

分析2018年上海高考,基本能有如下两个特点的判断:一是高企的升学率没有变化,二是2017年实施的高考新政没有变化。

每年的高三同学都会被家长或老师传递高考竞争异常激烈的信息,以激励他们努力学习,认真复习。虽然竞争无止境,但总体上目前的高考录取率是恢复高考40年来最高的。全国历年的报考数据分析也表明自2008年达到过千万的峰值后,10年来或保持平稳或下降,特别是上海近年的报考人数一直处于低位,预计2018年的报考人数依然会低于2017年,即使明后年有所回升,也仍是低谷。每年的报考人数反映了高考录取竞争的一个方面,更为直接的指标应该是当年的高考录取率。比如2008年是报考人数最高峰,但从1999年开始的中国高等教育大发展显著提高了录取率,所以尽管2008年前后数年报考人数创新高,但录取率却比20世纪90年代要高20%左右,因此报考人数高低不完全反映竞争性。近年来,高考录取率、本科录取率都处于历史最高,或许以后几年高考报名人数会随人口周期性上升,但国家已经确定将进一步提高高等教育的毛入学率以支持经济社会的持续发展,可以预见未来的高考录取率仍将保持高位。

报名人数处于低位、录取率处于高位,这就决定了今年,包括最近若干年的高考竞争激烈程度是历史最低的,考生对于这一基本形势要有充分的认识。处于自媒体时代的我们,经常会在网上看到各种耸人听闻的数据和观点,其背后往往有强大的商业利益在推动,考生和家长都应该保持清醒,不能人云亦云地被误导,那样反而会迷失方向。报名人数处于低位、录取率处于高位,说明现在升学资源比较充裕,也是高考综合改革最为有利的时期。从 2017 年的高考综合改革实践看,最初推出的诸多改革举措使考生觉得无所适从,但到最后所有录取的考生各就各位,自嘲为"小白鼠"的高考新政参与者整体上获得了改革红利,这也是改革成功的重要基础。

基于 2017 年的各项考试改革、招生改革,今年的考生、家长和教师相对而言有了更好的认知起点,可以从容地规划学习与考试,这是考生相比去年的优势所在。因此,我们可以把精力更多地用在审视自身高中 3 年学习生活的所得上,比如在身体心理方面的成熟程度,在社会实践方面的能力提升,在知识学习方面的学业水平,等等,从而认识自己、认识自己与别人的区别所在。在充分的自我认识基础上,再对高校各类不同特点的招生方案加以研究与分析,比如高水平大学的综合评价录取,应用型高校或特色专业的春考招生,以及高职(专科)院校的依法自主招生等,同时了解心仪的各个院校或学科专业的人才培养特点、未来学术或职业发展方向以及上海与外地同类型大学的相似与差异等。只有整体地、系统地认识自我,辨识未来不同的学习深造路径,我们对于升学才会有更宽广的视野和自信的把握。

新年给予我们无限的想象与期盼,对处于高考升学阶段的考生们来说,实现理想的升学就是新年最大的愿望,相信一定会成功。

原载于 2018 年 1 月 5 日《上海中学生·高招周刊》

上海高考的总基调是平稳有序

近日,市教育考试院发布《上海市 2018 年普通高等学校招生志愿填报与投档录取实施办法》,从该文件中可以获悉今年上海的高招录取延续了去年的政策和办法,体现了平稳有序的总基调。

2018 年的高招录取依然分为本科、高职(专科)两个阶段,均不分文理,继续实施"两依据一参考"录取模式。考生在本科普通批次根据自己的选考科目最多可以填报 24 个院校专业组志愿,考生的高考总成绩包含统一高考科目成绩和学业水平等级性考试科目成绩,每位高中学生还都具备综合素质评价信息。

今年的高招录取方案之所以保持稳定,其根本原因是去年所实施的相关政策和办法具有坚实的科学基础。从 2014 年开始实施的高考综合改革试点,出现由高中选科生成的 20 个考生群体,以及由招生专业对选考科目的不同要求所形成的 42 种招生录取类型,使得以往长期实施的文科学生报考文科专业、理科学生报考理科专业的志愿填报和投档录取模式不再延续。研究和设计团队以政策为引领,以公平为基准,围绕高校招生录取模式改革,对接高中教育改革成果,创造性地提出了院校专业组的志愿填报与投档录取办法,经过反复修改完善和科学决策程序,在去年的秋季高考中经受了实践检验。结果表明,这一办法实现了考生的选科组合与高校招生专业的科目要求之间的精准对应,而且考生的专业志愿满足率或调剂率、投档录取的脱档率或退档率等各项指标也都达到最好水平,方案的设计与实施取得了成功,被外省市同行和招生高校称为志愿填报和投档录取的"上海模式"。

作为 40 年来最为全面、系统和彻底的高考综合改革,所改变的当然不仅仅是志愿填报和投档录取方式,还有已经感受到的高中教育教学模式和高校招生模式的变革,包括未来的高校人才培养方式变革。因为改革会带来诸多的不确定性,不同利益主体在基础条件、思想认识、压力承受等方面不尽相同,表现形态各异,这使得改革充满风险。从上海的高考改革实践看,进程中也伴随着对各种细节的质疑声,比如改革所需的主客观条件支撑、高考总分的构成比例、学业水平等级考的赋分制度等等。所幸上海在改革方案设计中坚持改革的价值导向,通过全面分析确定改革的边界和资源配置,不仅精心设计总体方案,也细致规划推进步骤,并确保每个方案和步骤都有充分的科学支持。目前出现的各种质疑均未超出原来的预期,保障了改革的可持续推进。

经历了热闹又忙乱的改革元年,各项政策、办法进入了稳定有序的运行期,或许随着时间推移和环境变化,也会有完善的需求,但上海高考改革的基本价值目标和政策实施不会改变,将更多地致力于提高日常的教育教学质量,提高学生的培养质量,以真正促进学生全面而有个性地发展的目标实现。

原载于 2018 年 4 月 6 日《上海中学生·高招周刊》

行稳致远　提升上海高考改革的内在价值

随着高职(专科)批次征求志愿录取结果的公布,历时 50 余天的高考集中录取圆满结束,标志着从去年 11 月高考报名开始的 2018 年上海市普通高校招生工作落下帷幕。

今年是上海高考综合改革试点全面实施的第二年,得益于去年的实践,以及招生政策、招生计划、考生人数等各项要素的稳定,上海所举行的春季高考、秋季高考及学业考等各项考试的命题、考务、录取等工作稳定有序、卓有成效,招考机构会同招生高校与高中学校加强新高考方案实施的内涵建设,精耕细作提高考试招生工作水平,增强改革获得感。

今年高校的招生水平显著提高。在去年成功实现由文理分科招生向院校专业组招生转换的基础上,今年许多院校强化了对院校专业组的优化设置,本科普通批次的院校专业组数量比去年增加近 5%,选考科目设置为"不限"的院校专业组占比降至 42%,此举不仅提高了考生志愿填报的满足率,还强化了选考科目与培养的关联性,起到了很好的引导作用。上海充分发挥了高校招生的主体作用,以往只有高水平大学才具有招生面试选拔录取的资格,在高考综合改革试点方案的实施中,高水平大学的综合评价录取、市属本科院校的春季招生、高职(专科)院校的自主招生都设计有以综合评价为主要内容的校测环节,今年各院校进一步加强规范化建设,在组织架构、流程设计、人员配置等方面的建章立制与实践取得显著成效,顺利完成 15000 多名考生的选拔录取,既保障了招生录取的公平性与科学性,也有力支撑了高中学生的综合素质培养与评价工作。

今年考生的报考更加从容。基于去年的实践,考生在考试、志愿填报与录取等重要环节有了更多可借鉴的经验,特别体现在本科普通批次院校专业组志愿的投档满足率大大提升,前 5 个志愿的投档满足率超过 50％,前 11 个志愿的投档满足率达到 90％,同步所填报的第一专业志愿录取率也比去年有所提高。高中学业水平考试制度是高考综合改革方案的重要内容,高中学生对选考科目的自主选择深度推动了高中教育教学改革和高校招生改革,也引起了大家对选考科目与录取关系的关注,特别是物理科目成为讨论焦点。以上海今年参与录取的考生为统计总体,分析表明选考物理科目的考生被高水平大学录取占比超过 34％,同时选考物理和化学科目的考生被高水平大学录取占比超过 44％,均比去年有进一步提高,优势十分明显。由于我们长期采用总分录取模式,通常的评判也仅限于对考试总分的认识,由此所形成的思维定式还很难理解高考综合改革已经有效冲击了高中评价与高校招生之间的壁垒。尽管改革刚起步,新的数据还不足以形成对报考规律的把握,但相信假以时日一定能形成新的平衡,这也是上述经过初步分析的数据给我们的启发。

进入新时代,高考招生的定位更多地转向通过考试评价引导学生发展,推动人才培养模式和评价方式改革。我们要充分挖掘高考综合改革的内在价值,有效促进教育的健康发展。

原载于 2018 年 8 月 15 日《上海中学生·高招周刊》

上海高考综合改革进入纵深发展新阶段

今年 10 月,市教委制定并发布的《上海市普通高中学业水平考试实施办法》引起了大家的关注,尤其是文件末尾那句"本办法自 2018 年 10 月 15 日起施行,有效期 5 年"使得网上有了"上海的新高考模式至少 5 年不变"的说法。

《上海市普通高中学业水平考试实施办法》是在 2015 年 4 月发布的《上海市普通高中学业水平考试实施办法(试行)》基础上研究制定的,两相比较,新文件在体例、表述等方面与原有文件一致,仅在考试安排上略有调整,显得更为合理与开放。比如,将原来安排在 4 月中下旬举行的合格性考试(专门针对上一年度未取得合格成绩的考生)调整到了高三第一学期结束的时段,有利于这部分考生参与春考招生录取;还有信息科技(信息技术)科目的合格性考试原来只面向普通高中在籍学生,新文件规定也接受年满 18 周岁的、取得初中毕业或结业证书的社会人员申请报考等。在今年 4 月市政府发布的《关于进一步深化本市高考综合改革试点工作的若干意见》中,基于前期的实践,文件着重提出了健全选学选考机制和提高教育教学质量、完善育人模式的任务,这也是需要长期稳定建设的工作。由此看来,上海的高考综合改革试点进入了纵深发展的新阶段。

自 2014 年启动高考综合改革试点以来,上海经过科学设计、严密论证,连续推出了一系列改革举措。2015 年,春考向应届生开放;2016 年,合并一本、二本招生录取;2017 年,实现学业水平等级性考试科目的全部开考,实现数学文理合卷、语文强化中华优秀传统文化的命题设计,基于题库命题的外语科目实现了一年两考的等值目标,外语新增的人机对话听说测试不仅有效提高了考生外语应用能力,还首次将计算机引入了高考,设计并实施的院校专业组投档与录取方案实现了学生选考科目组合与高校专业招生要求之间的对应关系,投档录取系统实现了高中学生综合素质评价纪实报告随考生成绩与志愿信息的同步传递,还完成了考后志愿填报方式的调整,等等。这些举措的连续推出,迅速构筑起了新高考的内容框架与操作模式。而上述诸如文理分科投档录取、考前志愿填报、"3+1"高考科目等都是实行了数十年的招考模式,能平稳过渡到新高考充分说明改革者不仅仅具有魄力和勇气,更具备了严谨求实的科学精神。

进入纵深发展阶段的新高考,将围绕"教、考、招"深化改革,完善方案实施。首先要提高高中教育教学资源配置水平,加强社会实践基地的建设和管理,充分满足诸如走班教学、社会实践、研究性学习等综合培养模式的需求;建立学分绩点制以强化学校教育的制度保障,鼓励学生全面而有个性地成长;加强教师队伍建设,提高传道、授业、解惑的能力。其次要加强基于标准的考试评价、命题等值研究,提高命题测评技术水平;应用信息技术、人工智能技术,探索更为有效的纸笔或机考模式,提升考试组织的效率与安全性;提高考试数据分析水平,发挥考试评价对完善学生学习、提升学校、区域教育教学质量的促进作用。再次要推动高校按照人才培养规律,优化院校专业组设置,发挥对高中培养的引导作用;细化学科专业培养目标,扎实推进"两依据一参考"招录模式实施,提升招生选拔能力;促进高校优化选才育才机制,完善人才培养方案。

高考综合改革的深化将不再是具体考试科目与录取政策的急剧变化,而是更多地体现考试评价系统与教育培养体系的相互适应与相互支撑。

原载于 2018 年 11 月 16 日《上海中学生·高招周刊》

将改革进行到底

今年是改革开放 40 周年,40 年来的发展成就有目共睹,作为亲历者无不感慨是改革开放给了我们新生。改革是从打破大一统的计划经济体制起步的。以小岗村为标志的农村家庭联产承包责任制,使广大农民可以自主决定生产方式、分享经营成果,极大地调动了农民生产积极性,解放了农村生产力;同样,企业改革也以扩大国有企业经营自主权为标志,使企业具有生产自主权,成为独立的利益主体,提高了企业和职工的生产积极性。正是给予农村家庭和企业充分的选择权,让农民可以自主决定土地上的播种物,工厂可以自主决定生产方式,充分发挥市场主体的作用,提高了生产力,使我们告别了困扰几千年的忍饥挨饿、缺衣少食、生活困顿的问题,才有了目前较为发达的国家发展水平和较为富足的人民生活水平。

如果以同样的视角分析正在推进的高考综合改革,可以发现新高考也是以给予学生学习的自主选择性为标志的。"两依据一参考"录取模式、学业水平考试合格考与等级考制度设计,以及综合素质评价办法等都要求教育从形式到内容不再唯一,与作为教育对象的学生个体有更强的相容性和一致性。

不同的经济社会发展阶段有其各自的教育形态。早期农业社会敬畏自然,讲究天地人合一,教育是以私塾或师徒相授方式存续的;进入工业大机器时代,以效率为目标,教育强调统一性和标准化;随着知识经济时代的到来,教育更加注重个体的思想创新与潜力激发。而教育又是关乎未来的,现在的学生将是未来数十年社会的主人,所以教育又必须领先经济社会的发展。在以往发展基础上,通过高考综合改革推动教育变革、创新人才培养模式,完全契合世界经济发展趋势,预示着未来改革开放新的领域和新的发展,给予我们对未来经济社会发展无限的期待。

年终岁末正是盘点的时候,纵观全年改革不断,但充满迷茫。经济增长率的降低,使得以 GDP 为代表的各项指标如同股票指数一般乏善可陈,城市产业转型又促使农民工大量回归农村,市场最具活力的民营企业也频爆困境,离场声音不断,连教育改革的推进脚步也趋缓。笔者不由得想起 40 年改革开放经历的艰难险阻。当年,是邓小平等一代领导人力挽狂澜,坚决摒弃了那个"只要社会主义的草,不要资本主义的苗"的荒唐年代,在发展的过程中也频频遇到各种严峻挑战,如经济通胀、农民失地、工人下岗,甚至是严重的政治风波。但我们的党都能及时排除干扰,坚持以经济建设为中心,带领人民聚精会神搞建设,一心一意谋发展,各种矛盾困难逐一得到化解,也以实践证明"贫穷不是社会主义""发展才是硬道理"。在目前的这一关键时刻,还是由我们的党向世界庄严宣示,"志不改、道不变",坚持改革开放不动摇,坚持以发展为第一要务,这将极大坚定全国人民改革开放再出发的决心和信心。相信我们的教育改革也一定能在历史前进的逻辑中前进,在时代发展的潮流中发展,取得伟大的成功。

原载于 2018 年 12 月 28 日《上海中学生·高招周刊》

第三节　2019 年高考改革

我们一起奔跑，迎接新年的挑战和任务

伴随钟声，2019 年迎面而来。新的一年，首先要送上祝福：祝愿所有从事考试工作的同仁，命题不会出错，试卷不会发错，评卷不出纰漏，分数不会加错，顺利实现全年平安考试；也祝愿所有参加招生的朋友，所在高校一定是报名踊跃、分数高企、声誉卓著；更要祝愿我们的考生，考场不会走错，时间不会看错，临场发挥超常，结果超乎预期。尽管不一定都能如愿，但祝福是必须的，愿望是真诚的。

过去的一年，上海高考综合改革试点工作政策稳定，实施细致。选考科目的教学安排井然有序，外语两考的等值要求得到贯彻，有效支撑了考生的多元选择，也充分保障了招生结果的各得其所，考生所填 24 个院校专业组志愿的录取满足率就是最好的证明。所谓改革就是由旧制度向新制度的转换，其成本往往由转换过程中操作的复杂性所决定，因此方案具体实现的平稳程度在一定意义上就是方案设计与实施科学性的体现。通过分析考试设计、总分合成、志愿填报、录取结果等过程，可清晰地看到两年的改革实践推动上海新高考经历了平稳有序的过渡期和适应期，进入了纵深发展的新阶段。

进入纵深发展阶段的新高考不仅要求持续稳定地实施，更要追求改革价值的实现。新高考是以给予学生学习的自主选择性为标志的，促使我们所提供的教育与学生个体之间从形式到内容具有更强的相容性和一致性，真正有助于实现学生全面而有个性的成长，为未来创新人才的培养奠定坚实基础。但这一改革也对高中教育资源配置提出了更

高要求,选科走班需要更多的教师资源和教室空间,综合素质评价需要更多有质量的社会实践基地作为支撑。不同地区由于经济社会发展的差异,各自对新高考制度实施的理解不一,往往会忽略教育对经济社会发展的先导作用,而更多关注新旧制度间的差异与冲突,由此所制定的方案多少会弱化改革的原有价值,近期各地关于高考改革推进的诸多讨论也反映了这一点。另一方面,新高考给予学生学习的自主选择性,提出了不同科目教学和评价的一致性要求。如果说教育资源配置的差异可以通过加大投入来弥补,不同科目教学和评价的一致性要求却需要师资队伍建设与评价技术研究的共同努力才能达成。首先要加强学科课程标准及科学思维能力培养的研究,准确理解基础教育与学科教育之间的关系,提高教师的学科思想认识与跨学科教学能力;其次要大力发展评价技术的科学研究,以科学方法制定评价方案,以评价视角设计考试方案与测量标准,有效引导教育教学质量的提高。这些问题正是进入纵深发展期的上海高考改革面临的挑战和需要完成的任务。

新的一年充满期待与挑战,也很现实。开年第一周,上海就将迎来统一高考的外语一考和春季高考,标志着新高考的全面实施进入了第三年。招考战线的所有同仁依然是小心谨慎,同时也信心满满,全力帮助我们的考生实现理想的升学目标。我们一起努力奔跑,我们一起努力追梦。

原载于 2019 年 1 月 4 日《上海中学生·高招周刊》

平稳起步的上海 2019 年高考

上周末举行了 2019 年上海春季高考、统一高考的外语科目第一次考试以及普通高中学业水平合格性考试（语、数、外科目），标志着本年度高考大幕的开启。

与前两年相比，考生们的从容赴考是最为鲜明的特点，这从媒体的采访报道以及在考点现场的所见所闻都能深切感受到。经过持续的改革，上海事实上已经形成了一年两考的高校招生录取机制，以每年的春考为起点，随后跟进的一系列考试招生项目有效拓宽了学生的升学路径，也给当年的考生提供了足可参照的样本。两年的实践，使得考试招生制度改革的优势逐渐显现，考生的淡定也就是必然的了。

在同样的时间段，同时有三项各有不同规则的考试项目举行，笔试、听力、人机对话各种考试形式一样不缺，考务组织的复杂性也是前所未有的。同样是因为经过了两年的实践，相关部门在考试命题、考务组织等领域也积累了相当的经验，使得考试组织的实施更加得心应手。特别是进一步加强了考试便利与个性化服务，本次考试有 20 多位考生享受了免听力、延长考试时间、采用大字号试卷等考试便利，并有数位考生因水痘等病患被安排在备用考场参加考试。

率先试点，推动上海高考改革进入了纵深发展的阶段。在确保国家改革方案得到完整落实以及考试招生工作平稳的基础上，改革实施的科学性仍在不断提高。今年春季高考的语文、数学、外语科目试卷除坚持立德树人导向外，更加强化课程标准，体现学科的思想性、科学性，保证了测量的公平性、规范性和一致性。这次的英语听说测试采用了新版的人机对话考试系统，外语听说测试考场也均更换了新版耳机，取得了很好的测评效果。为有助于考生熟悉考试系统，除实地安排模拟测试外，还上线了英语听说测试在线模拟系统，供考生免费使用。为发挥考试评价对完善学生学习的促进作用，近期将发布考生、高中学校及区域的学业水平考试评价报告,以有助于考生完善知识结构和学科能力培养,有助于学校和区域教育教学质量提高。

回顾上海改革历程,比较各地改革进展,我们的体会就是改革必须要起步,说上一百遍不如实践一次。想当初,上海的高考综合改革试点在启动之初也充满迷茫。以高中学校开展选科走班为例,当时某学校通过在教学楼走廊设置储物柜解决了学生走班过程中书包的存放问题,这也成为素材上了电视新闻,可见改革需要摸索或探索才能取得进步。同样,在考试组织中,如何解决考生在一个单元时间参加不同科目考试的安排问题,以及如何基于题库命题以达成不同次考试的等值等探索,都是通过实践加以验证解决的。

人的认识在改革中获得提高,面对的矛盾通过改革得到化解,所以改革的经历、经验甚至教训都会积累成为改革的财富和能力,再次形成改革持续推进的动力,不断提升改革的成效。套用此次春季高考语文试卷的作文题目"在阳光里生活,需要有步入阳光的能力",但愿上海的改革能形成可借鉴可复制的成果,成为目前各地高考改革寒冷冬季的一缕阳光。

原载于 2019 年 1 月 1 日《上海中学生·高招周刊》

持续推进高考综合改革

随着重庆等 8 个省市新高考方案的发布,全国已经有 14 个省市进入了高考综合改革试点的行列。

这一轮高考综合改革源于 2013 年 11 月召开的中共十八届三中全会通过的《中共中央关于全面深化改革若干重大问题的决定》,文件关于深化教育领域综合改革的内容中专门要求推进考试招生制度改革,提出逐步推行普通高校基于统一高考和高中学业水平考试成绩的综合评价多元录取机制,探索全国统考减少科目、不分文理科、外语等科目社会化考试一年多考等改革目标。2014 年 9 月 3 日,国务院关于深化考试招生制度改革的实施意见为新高考改革进行了具体部署。

上海、浙江作为首批试点省市从 2014 年秋季开始实施高考综合改革。两地的新高考方案完全贯彻中央的顶层设计,考生的总成绩由统一高考的语文、数学、外语 3 个科目成绩和高中学业水平考试 3 个科目成绩组成;保持统一高考的语文、数学、外语科目不变、分值不变,不分文理科,外语科目提供两次考试机会;计入总成绩的高中学业水平考试科目,由考生根据报考高校要求和自身特长,在思想政治、历史、地理、物理、化学、生命科学等科目中自主选择;投档到高校的考生信息除了高考总成绩,还有综合素质评价纪实报告以供录取参考。两地方案除在考试时间、计分方法、投档方式等方面有略微差异外,根据各自情况增加了特色选项,如浙江在高中学业水平考试科目中增加了技术科目,上海则把外语听说能力纳入了统一考试要求等。

高考综合改革首先制度性地把学生的综合素质培养纳入了学校教育体系,有效增强了学生的社会责任感、创新精神和实践能力,凸显了高中教育的独特价值,体现了立德树人的教育根本任务;其次也实现了学生对学科学习、实践内容和高校招生的自主选择,特别是高中学业水平考试、外语科目考试以及春考招生、高职(专科)自主招生、综合评价招生等改革,为有不同特点的学生提供了考试与升学路径的多元选择;再次是学生群体从文理两类拓展到了由学习科目组合形成的更多类别,不仅为未来人才结构的多样性打下基础,而且在过程中拓展了学生对自身发展和社会发展的认识。

与以往仅是具体考试科目或录取方式改革不同,新高考是对学生培养模式的系统性改革。我们不仅需要提高思想认识,还必须正视由此对高中教育资源配置的客观要求,如对师资、校舍以及社会教育资源的需求。一定意义上改革的起点和能够达成的程度是由高中教育的资源水平所决定的,以首批试点的上海、浙江为例,尽管处于中国经济社会最为发达的地区,教育经费的投入也都处于全国各省区市的前列,但上海的都市型特点以及教育发展的均衡性使其相比城乡结构的浙江更具改革优势,这在实践中也得到了印证。观察第三批实施新高考改革试点的河北、辽宁、江苏、福建、湖南、湖北、广东、重庆等 8 个省市,多以中部省份为主,经济社会发展水平与首批试点的上海、浙江和第二批试点的北京、天津、山东、海南相比总体上显得羸弱。如果比较官方发布的 2017 年教育经费执行情况,用于保证和改善普通高中办学条件的公共开支部分(亦指学校日常运行所需的生均费用),除江苏的 4348 元、湖北的 4022 元、重庆的 3628 元高于全国生均 3395 元的支出外,其他 5个省份都低于全国平均水平,甚至只有全国平均水平的三分之二左右。这样条件下的高考改革无疑要承受更大的压力,也很难像上海、浙江那样实施完整的新高考方案。好在国务院发布的实施意见中已经有关于各省区市要结合实际制定本地考试招生制度改革实施方案的精神,这些省份势必要对原有方案进行必要的调整,如延续类似文理分科模式以简化公众对招生录取方案的理解,减少课程组合以减少对高中教师和校舍资源的需求,控制考试次数和复杂性以保证统一考试组织的安全,等等,但综合素质评价实施、等级考科目选择等保障学生全面培养与学习自主性的改革核心一定会被坚持保留。

高考综合改革重构了教育资源配置,对高校教育教学改革、基础教育培养的影响深远,而改革成效的评判也需要相当长时间才能体现,相应的政策调整更要慎之又慎。我们要坚持改革的价值目标,以强大的思想引领、严谨的科学态度、严密的组织实施和有力的资源支撑确保改革成功,真正培养德智体美劳全面发展的社会主义事业建设者和接班人。

原载于 2019 年 4 月 26 日《上海中学生·高招周刊》

第四节 感恩高考

感 恩 高 考

2017年全国统一高考的举行,引发了几代人对恢复高考40周年的怀念。网络上、电视里、报纸上满是对当年高考的感怀,"老三届"们回忆在田间山林、工厂车间重新拾起书本,仓促之间因为高考而改变了人生;不算年轻的高考参加者,也都回忆在学校和老师的培育下,通过高考证明了自己的实力,迈出了人生坚实的一步;笔者也经常被人询问当年的高考,虽然考试做题的情形历历在目,但总体上是懵懵懂懂、稀里糊涂就过来了,远不如现在的学生知道得那么多、有那么清晰的升学目标。所有这些见之于媒体的回忆虽也不乏苦难和彷徨,但都充满了感恩之情,这是社会多元价值环境下非常难得的现象。

到20世纪90年代,高考在社会生活中的分量越发沉重。这一国家大考既要代表国家选才的理念与方法,也要表达对基础教育现状的整体肯定与否,尤其在社会快速发展、社会阶层分化的背景下,还必须承担底层社会阶层向上流动的责任,在这样的层层叠加不断重压下,高考所承载的社会公平性特征掩盖了选才科学性的学术本质。

40年来,我们始终在高考招生的公平性与科学性道路上前行。根据媒体梳理,高考改革从没有间断过,诸如考试对象的年龄、婚否、残疾程度等限制条件的变化,考试科目的分科与综合,命题组织方式的统一与分散,招生对象加分项目和加分分值的增加与减少,高考统一招生的强化与高校自主招生的倡导,等等。改革举措的改变,无不契合当时的社会发展状况,反映出认识、提高、再认识、再提高的社会认知规律,但不可否认,所有的目标都指向公平与科学。

对专门从事招考工作的我们来说,纪念恢复高考40周年不仅仅是怀念。在国家、省市、区县招生考试机构中有一大批专业从事拟定政策、命制试卷、组织考试、系统保障等专门工作的人员,他们因为高考而从事相同的工作,连同高校的招生工作人员和各考点学校的监考老师,确保了一年又一年高考招生任务的完成,也保障了高考招生制度的实施以及各项改革任务的落实。对于在招考战线上的广大工作人员来说,高考就不仅仅是一次考试的组织工作,还是他们赖以生存的职业岗位,除感恩之外自然更有一份敬畏之心。

2017年的上海招考人又一次站在高考改革的新起点,幸运地亲历了最为全面的高考改革历程,把40年的高考推向了一个新的阶段。这一次自上而下的系统改革不仅深刻变革了高中的教育教学,还极大改革了统一高考科目和高校招生模式,相信也将推动大学的人才培养改革,从而提高整个民族的素质。我们有理由对未来的高考充满信心。

原载于2017年6月16日《上海中学生·高招周刊》

百 期 回 顾

根据编辑的提醒,本期的《沪考新语》是第 100 期!

自 2016 年 10 月 14 日在《上海中学生报·高招周刊》创设《沪考新语》专栏并发表第一篇《迎接高中学业水平等级性考试的到来》的文章以来,在随后两年多时间里,无论身处何处,每周为《沪考新语》撰写文章就成为了常态。真没有想到,这一写就写到了第 100 期。

当时想这新高考是 40 年来最为彻底而全面的考试招生制度的系统性改革,对所有参与者来说是全新的,需要答疑解惑,最好也有传播渠道,这样,以考生为办报对象的《高招周刊》自然是非常合适的平台了。

两年多来,《沪考新语》紧紧围绕上海高考综合改革试点方案的实施,以"高考综合改革方案""高中学业水平考试实施办法""高中生综合素质评价实施办法""院校专业组志愿填报和投档录取方案"以及春考和秋考的考试组织为话题,尽力从专业视角答疑解惑,并结合改革进程不断提高读者对改革价值的认识。如《高考不分文理科的纠结》《目的是升学不是高考》《高考外语科目改革的效应》《四十年的高考》等文章讨论新高考带来的考试招生制度变化;《如何进一步理解高中学业水平的等级性考试》《再议高中学业水平等级考的影响》《发现等级考科目成绩的价值》《浅议走班制教学模式的培养意义》《高中学生综合素质评价信息如何在高校招生录取中发挥作用》《有质量的高中生涯规划与指导》等文章,引导考生认识全新的学业水平考试制度与综合素质评价办法,而《院校专业组设计的核心要义》《院校专业组设计促进了招生院校和考生的双向选择》《认清考后志愿填报的关键要素》《模拟操作是理解政策熟悉系统的好办法》《认识成才目标和路径的多样性》《仅高考的临门一脚还不够》等文章,则是对新高考志愿填报模式的分析,并具有一定的操作指导性。

　　随着广大考生对新高考各项政策熟悉程度的提高,《沪考新语》也更多关注高中培养模式与教育考试评价的话题,如《教育的宽度与考试的精度》《教育新时代的改革与挑战》《浅议校园形态与学校教育培养的关系》《教育必须以学生的全面成长为目的》《由诺贝尔奖所想到的》《教育是为了学生更好地成长》《教育考试评价关注的是学生发展的整体性》《高考综合改革凸显高中教育的独立价值》等文章,重点思考基础教育培养的全面性与基础性,以及评价的综合性。在高考改革背景下,考试机构的专业化建设日益重要,《高考也进入了计算机时代》《探索考试组织方式改革的必要性》《考试机构的专业化建设》《学业水平的测量标准》《高中学业水平考试的设计》等文章就反映了在这个问题上的思考。

　　回顾百期《沪考新语》,话题因改革而起,随改革而进,无论是具体考试计划和招考政策解读,还是高中教学和综合培养模式介绍,或是高校录取模式探讨等,都试图传递对基础教育本质任务的认识,即立德树人,培养全面而有个性的学生,这也是《沪考新语》专栏设立的初心。

原载于 2018 年 12 月 21 日《上海中学生·高招周刊》

不 说 再 见

又到了丹桂飘香的日子,我们迎来了收获的季节。高招周刊的《沪考新语》专栏已经开设了整整 3 年,当年的高一新生都已按照新高考的要求顺利完成高中学业,并通过新的考试评价与招生录取方式,进入大学开始新的学习生活。在这 3 年中,上海的高考综合改革试点政策稳定、操作细致、结果可期,新高考已然不"新",以宣传、解读新高考方案为主要目的的《沪考新语》专栏自然也将完成其使命。

自 2016 年 10 月 14 日在《上海中学生报·高招周刊》创设专栏,并发表第一篇题为《迎接高中学业水平等级性考试的到来》的短文以来,至今已累计发表 135 篇《沪考新语》,围绕考试命题、考试组织、考试评价和教育培养等主题,尽可能从专业视角答疑解惑,并努力提升大众对改革价值的认识。如今看来,正是 40 年来最为彻底而全面的考试招生制度的系统性改革,为《沪考新语》提供了丰富的内容,《沪考新语》也忠实地记录和反映了上海高考综合改革试点的实施历程。

回顾以往,十分感谢读者的支持,尤其要感谢广大考生和家长,正是他们的需求引出了这么多的话题,也很感谢《上海中学生报·高招周刊》开设这个栏目,搭建沟通讨论的平台,促进高考改革对教育培养的正面导向作用。当然,正所谓"教学相长",每周的主题选定、资料查阅以及撰写的整个过程促使我以不同视角来理解考试、评价、招生、培养及其内在的有机联系。同时,我也借由《沪考新语》对自身有了新的认识,3 年里,无论工作忙闲、身处何地,一定为每一期的高招周刊撰写《沪考新语》,真没有想到自己不仅成了专栏作者,且能坚持到现在。

如今,上海高考综合改革进入了纵深发展的新阶段,无论是高中培养、考试评价,还是高校招生都将在原来基础上追求更高的质量。虽然《沪考新语》即将降下帷幕,但上海的高考综合改革还将继续,我们也将在持续的探索中不断追求更加远大的目标,创造新的辉煌。

原载于 2019 年 10 月 27 日《上海中学生·高招周刊》

图书在版编目（CIP）数据

沪考新语："三年磨一剑"上海新高考这样走过 / 郑方贤著；
上海中学生报编.— 上海：上海教育出版社，2020.12
ISBN 978-7-5720-0407-0

Ⅰ.①沪… Ⅱ.①郑…②上… Ⅲ.①高考－教育改革－上海－
文集 Ⅳ.①G632.474-53

中国版本图书馆CIP数据核字(2020)第230606号

责任编辑　曹婷婷　董龙凯
封面设计　周　吉

沪考新语："三年磨一剑"上海新高考这样走过
郑方贤　著　上海中学生报　编

出版发行　上海教育出版社有限公司
官　　网　www.seph.com.cn
地　　址　上海市永福路123号
邮　　编　200031
印　　刷　上海展强印刷有限公司
开　　本　640×965　1/16　印张 19.75
字　　数　265 千字
版　　次　2021年1月第1版
印　　次　2021年1月第1次印刷
书　　号　ISBN 978-7-5720-0407-0/G·0299
定　　价　59.80 元

如发现质量问题，读者可向本社调换　电话：021-64377165